LA SEPTIÈME FILLE D'ADÈLE KEMP

Julie Johnston vit avec son mari et ses quatre filles à Peterborough, au Canada. Elle est l'auteur de plusieurs pièces de théâtre, nouvelles et romans pour enfants. *La septième fille d'Adèle Kemp* est son premier roman traduit en France.

Pour Frank et Shirley, et pour Ann

Illustration de couverture : studio Bayard

Ouvrage publié originellement par Tundra Books,
Toronto, Canada, et Tundra Books, Plattsburgh, États-Unis.
sous le titre : *A Very Fine Line*

Pour la traduction française

18, rue Barbès, 92128 Montrouge Cedex
ISBN : 978-2-7470-2767-0
Dépôt légal : janvier 2011

Imprimé en France
Loi n° 49-956 du 16 juillet 1949 sur les publications destinées à la jeunesse

JULIE JOHNSTON

LA SEPTIÈME FILLE D'ADÈLE KEMP

Pour Claudea — huit juin, 2011
Comme toujours,
Julie

Traduit de l'anglais (Canada) par Sidonie Van den Dries

MILLÉZIME

bayard jeunesse

1

À l'école, ils ont attendu le mardi pour nous annoncer la nouvelle. Ce jour-là, tout avait commencé comme d'habitude. Nous étions entrés en classe en traînant les pieds, pendant que Mlle Boyle écrivait la date au tableau : « 8 décembre 1941 ». Elle nous a laissés accrocher nos manteaux au fond de la pièce et nous asseoir à nos pupitres avant de prendre la parole :

– Les enfants, il est arrivé une chose terrible.

Elle a promené un regard sévère sur la classe, à croire qu'elle cherchait un coupable. Puis elle a enchaîné :

– Une de vos camarades a disparu !

Nous nous sommes contorsionnés en silence pour découvrir qui manquait à l'appel. J'ai remarqué que Rachel Wirt n'était pas à sa place, derrière moi. Elle était déjà absente la veille, mais on l'avait crue malade. À présent, tous les yeux étaient fixés sur son pupitre vide, comme s'il pouvait livrer un indice important. Puis des murmures interrogateurs se sont élevés et bientôt chacun y est allé de son hypothèse.

Je suis restée assise bien sagement, les yeux baissés, parce que cela m'était complètement égal. Non, à vrai dire, la disparition de Rachel me faisait plutôt plaisir. Fini les pelures de crayon glissées dans mon tablier, les rognures de gomme soufflées dans mes cheveux, les coups de règle entre les omoplates… Rachel Wirt avait commencé à me martyriser dès le premier jour de 8e année[1] (après que j'avais sauté la 7e). Elle pouvait bien ne jamais revenir, elle ne me manquerait pas.

L'après-midi, en rentrant à la maison avec mes sœurs, j'ai trouvé *La Gazette* de Kempton Mills ouverte sur la table de la cuisine.

– Tu as entendu parler de cette histoire ? m'a demandé Adèle, ma mère. Cette fille est dans ta classe, non ?

Mes sœurs se sont agglutinées autour de moi pour lire le journal. Presque toute la page était consacrée à l'attaque japonaise sur Pearl Harbor, aux Américains et à la guerre en Europe. Tout en bas, figurait ce titre : « UNE JEUNE FILLE DE QUATORZE ANS A DISPARU DEPUIS SAMEDI ». Apparemment, le père de Rachel

1. L'histoire se passe dans la province de l'Ontario, au Canada. Dans certaines écoles du Canada, la 8e année est la dernière année d'école élémentaire. Les élèves ont entre 12 et 13 ans (NDT).

avait raconté à la police qu'il était sorti le samedi soir. À son retour, sa fille n'était pas là. Il avait d'abord cru qu'elle était allée dormir chez une amie. En ne la voyant pas rentrer le dimanche, il s'était décidé à signaler sa disparition. « Quiconque sait où elle se trouve est prié de contacter la police. »

Adèle a soufflé avec mépris. Son opinion sur les Wirt n'était un secret pour personne. Le père était un alcoolique invétéré et la mère… celle-là était bien à plaindre : une petite femme timide comme une souris, qu'elle avait prise à son service autrefois. Elle était morte brusquement, deux ans plus tôt. Tombée dans l'escalier. Adèle était persuadée que cela cachait quelque chose.

– Ça ne m'étonnerait pas que Wirt l'ait aidée, avait-elle commenté à l'époque.

Rachel était la plus jeune des enfants. Ses frères et sœurs avaient quitté la ville depuis longtemps. Une des filles s'était enfuie avec un homme et deux garçons avaient fait de la prison. Du moins, c'est ce que disait la rumeur.

– Elle a peut-être traversé la glace en marchant sur la rivière, a suggéré Adèle avec rudesse. C'est tellement dangereux, à cette période de l'année.

Regrettant le ton qu'elle avait pris, elle a frissonné et secoué la tête :

– J'espère que non, la pauvre ! Mais il faut avouer que c'est la première chose à laquelle on pense.

Moi, ce n'était pas la première chose à laquelle j'avais pensé.

La police de la province et celles des villes voisines ont été appelées à la rescousse. Elles ont sondé la rivière sans rien trouver.

La semaine suivante, juste avant la cloche, l'institutrice nous a dit que des policiers voulaient examiner le contenu du pupitre de Rachel. Ils avaient déjà fouillé la maison des Wirt pour chercher des indices.

– Juliette, m'a-t-elle demandé, regarde dans son bureau et apporte-moi tout ce que tu trouveras.

J'ai obéi à contrecœur. Le pupitre de Rachel ne contenait pas grand-chose : de vieilles cartes de géographie coloriées. Des contrôles jamais rapportés à la maison : 26 sur 50, 4 sur 10 – Rachel avait déjà redoublé une fois. Des manuels scolaires, des cahiers de brouillon et deux livres de bibliothèque qu'elle aurait dû rendre depuis longtemps. J'ai coincé l'ensemble sous un bras tandis que, de l'autre main, je tentais d'attraper un petit objet métallique, tout au fond. C'était une barrette bleue, à l'émail écaillé. Et, chose étrange, lorsque je l'ai serrée dans ma paume, j'ai été prise de vertige. J'avais trop chaud. Surprise, je l'ai laissée tomber par terre, avec le reste.

– Voyons, Juliette ! s'est écriée Mlle Boyle. Ramasse vite tout ça. Tu as besoin d'aide ?

J'ai secoué la tête. Écarlate, j'ai rassemblé les affaires de Rachel – sauf la barrette – et je suis allée les déposer sur le bureau de l'institutrice. Sur ces entrefaites, la cloche a sonné. Mes camarades ont récupéré leurs manteaux et se sont mis en rang près de la porte. De retour à ma place, je me suis penchée pour ramasser la barrette et j'ai senti venir une migraine. J'ai examiné le motif écaillé du petit objet avant de le glisser dans la poche de ma robe, trop troublée pour réaliser que c'était peut-être un indice. Puis je me suis dépêchée d'aller prendre mon manteau et j'ai rejoint les autres dehors. Ma tête m'élançait, comme si quelqu'un courait à l'intérieur.

Je ne sais pourquoi, j'avais une sensation bizarre au creux du ventre. Et aussi, le sentiment excitant qu'on m'avait confié un secret. Je déteste les secrets ! Pour le chasser de mes pensées, j'ai compté les maisons des deux côtés de la rue en remontant Hill Street. « Vingt-neuf, trente, trente et une. » Ça marchait. « Trente-deux… »

2

– Je m'inquiète pour Juliette, disait ma mère à tante Lydia.

Noël approchait et Rachel Wirt avait disparu depuis presque deux semaines.

– Elle est de plus en plus… bizarre. Je me demande parfois si elle n'est pas un peu dérangée.

Lydia a émis un drôle de son, une espèce de « non » étranglé et surpris. J'ai deviné où ma mère voulait en venir.

La veille, Adèle avait déclaré que Rachel était probablement morte. Sans quoi, par ce froid glacial, quelqu'un l'aurait aperçue. Je lui avais soutenu le contraire. La barrette que j'avais récupérée dans son pupitre était désormais dans le bois, au fond de notre jardin. Je l'avais glissée dans le trou d'un arbre.

– Comment le sais-tu ? m'avait interrogée Adèle.

Elle m'avait fixée avec une telle intensité que j'avais rougi. J'étais sûre de ce que j'avançais, mais je ne pouvais pas lui dire pourquoi. Je m'étais contentée de hausser les épaules :

– À l'école, tout le monde dit qu'elle est montée dans un train.

Adèle avait arqué les sourcils, soupçonneuse.

Tels des éclairs, des souvenirs de Rachel surgissaient parfois dans ma tête. Je la voyais se coller contre le mur de l'école, comme pour disparaître. Ou alors, elle traversait en courant une enfilade de jardins.

Si je n'aimais pas Rachel, c'était surtout parce qu'elle me provoquait en racontant des mensonges sur mon compte.

– Dans ta famille, disait-elle, les femmes sont toutes des folles ou des sorcières.

– Parle pour toi !

Elle me répondait par un rire sarcastique. J'insistais :

– Chez toi, il n'y a que des voleurs, des meurtriers et des alcooliques.

Ça, en revanche, c'était vrai. Ou presque. Rien à voir avec ses insultes, qui étaient de pures inventions.

Rachel accusait le coup. Elle devenait toute rouge et me fusillait du regard. C'était clair qu'elle avait envie de me faire mal. De me voir pleurer. Comment voulez-vous aimer quelqu'un comme ça ? En plus, il y a des gens célèbres dans ma famille. Un de mes ancêtres, Adam Kemp, a fondé cette ville et lui a donné son nom.

– Voyons ! a protesté tante Lydia, Juliette a toujours été une enfant intelligente.

– Oh, ça, elle est intelligente ! Seulement, il lui arrive – comment dire – de savoir des choses... même si elle s'en défend bien.

J'écoutais ma mère et ma tante à leur insu. Assise par terre derrière le canapé, j'arrachais des petits morceaux de papier peint au mur : en partie pour tromper l'ennui, mais aussi parce que j'étais pressée qu'on change ce papier.

– Non ! a lâché Lydia dans un souffle. J'espère que non ! Mais je suis sûre que ce n'est rien. Elle est à un âge difficile. À ta place, je ne m'inquiéterais pas.

– Elle n'est pas comme les autres, a insisté Adèle. Pas du tout.

Tante Lydia s'est levée pour partir :

– Attends donc de voir. C'est tout ce que tu peux faire pour l'instant.

Elle a marqué une pause et cherché ses gants avant de reprendre :

– Tu sais Adèle, la frontière est parfois mince entre le monde réel et... le monde de l'imaginaire.

– Oh, je sais bien...

Ma mère a reniflé, mais elle ne pleurait pas.

– Simplement, je ne sais jamais ce qui lui passe par la tête. Je t'ai parlé de la disparition de la fille Wirt ?

– On ne l'a pas retrouvée, à ce qu'on dit.

– Je crois que Juliette sait quelque chose. Ou alors, elle est troublée par un détail qu'elle garde pour elle.

J'ai cessé d'arracher le papier peint.

– Elle ne se confie pas à moi comme le faisaient ses sœurs, a ajouté Adèle. Autrefois, les filles étaient comme des livres ouverts. Nous les premières.

– C'est vrai.

Je me suis bouché les oreilles. Je ne voulais pas penser à Rachel. Je ne voulais pas la revoir rôder autour de l'école, comme si elle n'avait pas de maison, avec ses chaussures dix fois trop grandes. D'ailleurs, aucun vêtement ne lui allait jamais.

– Quand j'y pense, a repris ma mère, Juliette a toujours été difficile, depuis qu'elle est née.

J'ai essayé de me rappeler quels tours pendables je lui avais joués lorsque j'étais bébé. Hélas ! cela remontait à trop loin, même pour moi. Les gens normaux ne se souviennent pas de leur petite enfance. Moi, si. J'ai des bribes de souvenirs. Mais à vrai dire, personne ne m'a jamais trouvée tout à fait normale… Je me rappelle mon baptême, par exemple. Le plafond voûté de l'église, tout là-haut, avec ses nuages aux couleurs pastel : rose, vert d'eau et bleu pâle. Personne ne me croit, pourtant c'est vrai. Bon, peut-être pas les nuages. Mais je revois Dieu (Vanessa prétend que c'était le pasteur), vêtu d'une ample robe blanche, se pencher au-dessus de moi pour me verser de l'eau sur la tête et dans le cou. Je m'entends encore hurler à pleins poumons. Je me souviens qu'il a prononcé mon nom – Juliette Kemp – d'une voix caverneuse, comme s'il mordait dans une patate chaude. Mon père a murmuré : «Tout va bien, maintenant, tout va bien», et ma mère m'a épongé doucement le cou avec un mouchoir.

Plus tard, à la maison, je me rappelle nos vieilles tantes. Pas toutes : seulement les tantes célibataires de maman et de tante Lydia.

C'est étonnant comme les odeurs restent gravées dans la mémoire. Les dattes qui circulaient sur des plateaux sentaient les vents épicés du désert (je m'en rends compte seulement aujourd'hui). J'ai voulu en attraper une, mais quelqu'un a éloigné le plateau. J'ai crié : « Non ! » Mon père m'a donné un petit biscuit ordinaire, sans aucun parfum, que j'ai broyé dans mes mains de bébé. Les miettes sont tombées par terre et on m'a interdit de les ramasser :

– Non, non ! C'est sale.

L'odeur acidulée du thé au citron flotte encore dans mes narines. Je revois l'alignement des genoux sous la table. Tout le monde me trouvait à croquer. Une belle brochette de parents était présente ce jour-là, mais ils ne m'ont pas marquée autant que les tantes. Leurs visages restent flous dans ma mémoire.

J'ai été baptisée assez tard. Je crois qu'ils m'avaient oubliée. Ça arrive souvent au plus jeune, dans les familles nombreuses. Mon cousin Théodore Merrick, fils unique, a été baptisé à l'âge de trois mois. Il ne se souvient de rien.

Quant à moi, Vanessa prétend que j'étais trop jeune pour me rappeler quoi que ce soit.

– Tu crois t'en souvenir parce qu'on te l'a raconté, me dit-elle. On a ri pendant longtemps des grimaces de Marietta, par exemple.

Elle a peut-être raison. Mais je ne pense pas.

Et leur odeur... Personne ne voulait s'asseoir près des tantes parce qu'elles empestaient. Grand-tante Aglaë avait les genoux osseux et des mollets durs comme les pieds de la table. Je le sais parce que j'ai rampé sous sa jupe longue, où je suis restée cachée jusqu'à ce qu'on me traîne dehors. Les genoux voisins appartenaient à grand-tante Agnès. Ils étaient plus dodus, mais guère plus engageants. Ses mains étaient posées dessus et elle me faisait des signes avec ses doigts. Au-dessus de ma tête flottaient des voix : « Il faudra lui dire quand elle sera grande, Adèle. Si tu ne le fais pas, on s'en chargera. » Je suis quasiment sûre d'avoir entendu ces mots-là.

– Je ne veux pas qu'on lui bourre le crâne de superstitions et de mensonges.

– Ce ne sont pas des mensonges, a protesté une des vieilles tantes. Est-ce que ta grand-mère a vécu dans le mensonge ? Regarde cette enfant. Regarde ses yeux !

Une main m'a pincé le menton, m'obligeant à basculer en arrière ma petite tête chauve. D'autres m'ont saisie sous les aisselles. On m'a soulevée pour me regarder dans les yeux jusqu'à ce que je me mette à hurler. Ma mère s'est empressée de me soustraire à cet examen.

Mes yeux sont d'un brun si foncé qu'ils paraissent noirs. En fait, ils sont noirs.

Pendant ce temps, ma sœur Marietta provoquait les vieilles pies en leur tirant la langue.

– Et celle-ci ! a grogné une des vieilles en l'attrapant par sa robe. Elle causera sa mort, je vous le dis !

Elle a haussé le ton pour s'assurer que Marietta avait bien entendu son présage.

– Tu cracheras une fois de trop à la face du destin, ma fille !

Maman m'a prise dans ses bras et chassé Marietta du pied devant elle, pour l'éloigner des tantes. Béatrice, ma sœur aînée, a appelé Vanessa et les jumelles. Elle leur a ordonné de s'asseoir sur le canapé, les menaçant de leur tordre le cou si elles prononçaient un seul mot. Je les apercevais par-dessus l'épaule de ma mère. Béa avait à peine tourné le dos que Vanessa claironnait : « Bla bla bla. »

Tandis que papa entretenait une conversation polie avec les invités, tante Lydia a suivi ma mère dans la cuisine en chuchotant :

– Elles sont vieilles, Del. Elles disent tout ce qui leur passe par la tête. Ne les écoute pas.

– Je n'aurais jamais cru qu'elles viendraient, même dans mes cauchemars, a sifflé Adèle. Du moins, pas toutes les deux.

Elle a jeté à Lydia un regard plein de sous-entendus, que mon cerveau de bébé ne pouvait pas comprendre. Comme si elles partageaient un secret. Puis elle a pincé les lèvres. On aurait dit qu'elle aspirait un crachat à travers une paille.

– Elles me regardent avec mépris. Elles me jugent.

Lydia a posé un doigt sur ses lèvres et a montré Marietta du menton.

– Elles ne peuvent pas s'en empêcher !

Adèle a poussé un long soupir. Elle a voulu me poser par terre, mais je me cramponnais à elle comme une chauve-souris. Elle a secoué Marietta par l'épaule.

– Et toi, qu'est-ce qui t'a pris, petite effrontée ? Est-ce que c'est une façon de se comporter pour une fille de ton âge ? Tu m'as fait honte !

Marietta a haussé les sourcils et levé les yeux si haut qu'on ne voyait plus que le blanc.

Adèle s'est laissée tomber avec lassitude sur une chaise de cuisine et m'a installée sur ses genoux.

– Ça ne me dérange pas d'aller chez elles, mais chaque fois que ces bonnes femmes viennent ici, il se passe quelque chose. Elles gâchent tout.

Tante Lydia lui a caressé la tête :

– Allons, allons ! C'est comme ça, on n'y peut rien. Tu sais bien qu'elles ont bon cœur, au fond.

En fin d'après-midi, alors que les ombres s'allongeaient, les convives ont commencé à partir. Juchée sur la hanche de ma mère, j'ai regardé tout le monde leur faire des signes d'adieu : maman, mes sœurs accrochées à sa jupe, et même Marietta, un peu à l'écart. On l'avait envoyée dans sa chambre, mais papa l'avait autorisée à redescendre au bout de cinq minutes. Les grand-tantes ont rejoint d'un pas lourd une voiture haute et carrée, probablement un ancien modèle Ford. Elles se sont hissées péniblement sur la banquette arrière, déjà occupée par une troisième personne. Le conducteur, un voisin ou un chauffeur engagé pour la journée, s'est installé au volant. Lorsque la voiture a démarré dans un nuage de poussière, j'ai vu une créature au visage porcin presser le nez contre la vitre arrière et nous fixer en louchant, d'un air dégoûté. Maman a regardé s'éloigner le véhicule avec des yeux farouches. Papa l'a entraînée vers la maison.

– Elles adorent me torturer, a-t-elle gémi.

– Elles sont de chair et de sang, Adèle, a dit Lydia. Le tien et le mien. Elles ont le droit de venir au baptême de leur petite-nièce. Tu leur dois bien cela.

– Ces harpies ! a rugi ma mère.

3

Notre père est mort il y a six ans, quand j'avais six ans. J'ai très peu de souvenirs de lui, car il était toujours au travail ou enfermé dans son bureau à la maison. Pourtant, le dernier Noël qu'il a passé avec nous est assez net dans ma mémoire. J'adore me le rappeler, même si ce n'est pas très flatteur pour moi.

Ce soir-là, ma mère m'avait chassée de la cuisine, où elle étalait de la pâte à tarte en pestant parce qu'elle collait au rouleau. Mes sœurs, qui emballaient les cadeaux, ne voulaient pas de moi dans leur chambre. Papa était dans son bureau, le regard perdu dans le vague ou fixé sur des courbes et des chiffres, comme d'habitude.

Pour me distraire, j'ai entrepris de faire le tour du salon sans toucher le sol : un jeu que Vanessa m'avait appris. J'avais déjà réussi à passer d'une chaise au canapé, puis au guéridon sans faire tomber la lampe. J'ai grimpé sur le radiateur, sauté sur le tabouret du piano avant de me hisser sur l'instrument. De là, j'ai attrapé la tringle du rideau et avancé, suspendue par les bras, jusqu'à la porte ouverte. Je n'avais plus qu'à poser le pied sur la poignée et sauter sur une chaise. Hélas ! j'ai décroché au passage le portrait de grand-père dans son cadre, qui s'est fracassé par terre. Alertés par le bruit de verre brisé, mes parents et mes sœurs sont arrivés en courant. Ils m'ont trouvée suspendue à la tringle, me balançant désespérément pour atteindre la poignée.

Troublée par le concert de hurlements et les ordres contradictoires, j'ai manqué ma cible et je me suis affalée par terre, sur le dos. J'avais le souffle coupé. Papa a attendu que je reprenne ma respiration pour m'inviter à m'asseoir sur ses genoux, près de l'arbre de Noël qui trônait dans le salon.

Mon père n'était pas un grand bavard. Il est resté assis avec moi sans rien dire, à contempler le sapin illuminé. Troublée par ce silence, j'ai commencé à gigoter et à geindre, mais il me tenait fermement. Peu après (il avait des talents de dompteur de fauves, sans aucun doute), il s'est mis à chanter d'une voix mal assurée, tout doucement pour éviter qu'on l'entende : « Dou-ouce nuit, sain-ainte nuit… »

Sa voix, aussi douce que des flocons de neige, aussi tendre qu'un baiser, m'apaisait comme par enchantement.

Il est mort quelques mois plus tard. Une nuit, victime d'une grave crise d'asthme, il a cessé de respirer.

Le jour de son enterrement, je me suis faufilée dans la penderie où il rangeait ses vêtements et j'ai refermé la porte derrière moi. En tâtonnant dans le noir, j'ai trouvé ses chaussures, taille 44. Je les ai enfilées. Assise sur mes talons, le visage ruisselant de larmes, je me suis mise à fredonner : « Dou-ouce nuit, sain-ainte nuit. » Le parfum de ses vestes en tweed, un mélange de fumée de pipe et de lotion après-rasage, me disait qu'il n'était pas parti très loin.

– Juliette ! m'ont crié mes sœurs. Viens t'habiller. Tu ne peux pas aller à l'enterrement comme une souillon.

Je me suis tellement débattue qu'elles ont fini par céder et m'ont laissée garder ma tenue dépenaillée. Maman a posé distraitement les yeux sur moi. Elle n'a fait aucun commentaire. Je ne crois pas qu'elle m'ait vraiment vue.

Avant l'enterrement, en attendant l'arrivée de la famille et des amis à Hill Street, ma mère est restée longuement assise dans son fauteuil, droite et sereine, les chevilles croisées. Elle était pâle, mais ses yeux rouges avaient une expression déterminée. J'aurais voulu qu'elle me regarde. C'était mon père qui était mort, après tout. J'avais besoin de réconfort. Quand j'ai grimpé sur ses genoux, elle est restée immobile, les bras reposant sur les accoudoirs du fauteuil :

– Descends, Juliette, s'il te plaît. Tu es trop lourde.

Papa a été enterré près du grand obélisque qui orne la concession familiale, au cimetière. Son nom a été gravé à la base, près de ceux de ses aïeux. Ma mère a regardé d'un œil hostile les arbres sans feuilles et relevé le col de son manteau noir pour se protéger du vent de mars. J'ai compris pour la première fois qu'elle pouvait avoir des pensées dans lesquelles je n'avais aucune place, moi, sa plus jeune fille. Nous étions deux personnes distinctes. C'est à ce moment-là que j'ai commencé à l'appeler Adèle.

Mes sœurs et moi – « les filles Kemp » ainsi que disaient les gens, qui avaient coutume de nous traiter comme un lot indifférencié – étions éparpillées dans le salon, tels des corps rejetés par la mer après un naufrage. Le feu qui brûlait dans l'âtre nous rendait somnolentes. Le blizzard hurlait dehors, rivalisant avec la musique du gramophone. Nous venions de terminer la décoration du sapin de Noël. Des boîtes de boules vides et du papier de soie froissé jonchaient le sol. Adèle était dans la cuisine, où elle préparait le dîner. Elle n'allait pas tarder à venir nous houspiller pour qu'on remette tout en ordre.

J'avais douze ans et demi cet hiver-là. Les jumelles, âgées de quinze ans et rivalisant de maigreur, monopolisaient le canapé. Allongées tête-bêche, les chaussettes de l'une contre les joues de l'autre, elles lisaient les bandes dessinées du journal du week-end.

Notre sœur aînée, Béatrice, était la seule absente. C'était désormais une femme adulte, une épouse. Quand elle venait à la maison, elle s'asseyait les genoux serrés et la tête haute. Béatrice était la beauté de la famille. Elle savait mettre en valeur ses pommettes hautes avec un soupçon de couleur, et elle avait l'art de relever ses cheveux dans ce chignon de côté qui lui allait si bien. C'était sûrement grâce à cela qu'elle avait piqué David Kirby à Marietta. Marietta avait le béguin pour David depuis quatre ans. Alors qu'il commençait à peine à la remarquer, Béatrice lui avait sorti le grand jeu. Quelques battements de paupières plus tard, ils fixaient la date de leur mariage.

– Moi, je ne t'aurais jamais fait un coup pareil, avais-je dit à Marietta, à l'époque.

– Bien sûr que si, Juliette. N'importe qui l'aurait fait.

Marietta prétend qu'elle n'en veut plus à Béa. Je ne la crois pas.

Vanessa est la fille du milieu – si on compte les jumelles pour une seule, comme le font la plupart des gens. Élève dans une école de secrétariat, elle était rentrée à la maison pour les vacances de Noël. Ses cheveux bouclés, trop indisciplinés pour rester derrière ses oreilles, lui donnaient un air sauvage. Elle semblait toujours sortir d'une bourrasque. Un jour, Béatrice l'a apostrophée : « Par pitié, laisse-toi pousser les cheveux ! Ça détournera l'attention de ton petit nez en trompette. » Vanessa ne lui a pas adressé la parole pendant trois jours.

Ce jour-là, elle lisait la page économique du journal, affalée en travers sur l'ancien fauteuil de papa. Le bas de sa robe retroussé découvrait ses genoux, mais elle s'en moquait.

Marietta, la cadette, était assise par terre, le dos contre le radiateur et les jambes écartées, telle une poupée de chiffon. Elle était absorbée par la première page du quotidien. Diplômée de l'université de médecine, elle était officiellement docteur et faisait une année d'internat à l'hôpital. Elle était rentrée à la maison pour le week-end. « Docteur Marietta Kemp ». J'avais du mal à imaginer ma sœur en train de soigner les gens. Si ç'avait été un garçon, peut-être... Mais chez nous, il n'y a que des filles : six en tout.

Le lampadaire l'enveloppait dans sa chaude lumière jaune. Les gens disaient qu'elle était bien charpentée. Ça sous-entendait beaucoup de choses. Pour eux, il aurait suffi qu'elle soit intelligente ; dommage qu'en plus, elle en ait l'air. Personnellement, je la trouvais parfaite. C'était mon héroïne.

Le son métallique d'une cloche a retenti dans le lointain. Le train de six heures et quart, ponctuel, entrait en gare de l'autre côté de la ville. Marietta a consulté sa montre ; Vanessa l'a imitée. Partout dans Kempton Mills, les gens devaient vérifier l'heure et remonter leur montre. C'était une coutume locale.

La gare de Kempton Mills était un endroit très animé. Quand nous venions chercher ou déposer quelqu'un, j'adorais courir sur le quai pendant que le train s'ébranlait, prenait peu à peu de la vitesse. Je calquais mes foulées sur le « tchou-tchou » de la locomotive à vapeur et je sentais ses vibrations résonner jusque dans mes os. Le sifflet emplissait ma tête et chassait toutes les autres pensées. Je m'arrêtais au bout du quai pour remonter mes chaussettes, qui tombaient lorsque je courais, et j'écoutais cet appel mélancolique mourir au loin. J'en frissonnais.

Un soir, peu après Noël, j'étais allongée à plat ventre par terre près de Marietta et je dessinais au dos de mon dernier rouleau de papier peint. J'avais mis un livre sur la feuille, pour la maintenir à plat. De temps à autre, je posais la tête sur mon bras : j'étais fatiguée et j'avais une légère migraine.

Lorsque je terminais une partie du dessin, je laissais le papier s'enrouler sur lui-même. J'aurais aimé que le rouleau soit infini. Hélas ! ce n'était pas le cas. Avec un peu de chance, ma mère inspecterait bientôt les murs du salon – notamment derrière le canapé – et ferait venir le peintre avant que je sois à court de papier.

Une partie de mon œuvre évoquait ma vie en famille – j'étais au centre. Une autre, à laquelle je travaillais encore, était une galerie de portraits. Je m'appliquais à représenter tous les gens que je connaissais, sauf Rachel Wirt.

Notre mère est entrée dans le salon pour soulever l'aiguille du gramophone à la fin du disque.

– Alors ? nous a-t-elle interrogées. C'était grisant, non ?

Un chœur de *mmh* sans conviction lui a répondu.

– Imaginez tout un opéra, sur scène !

– *Mm-hmm.*

Adèle tenait absolument à ce que ses filles lui fassent honneur. Elle nous élevait dans ce but. Ainsi, nous devions être capables de reconnaître des morceaux de musique classique, nous comporter comme des dames, être séduisantes, parler avec distinction… Et l'accompagner chaque dimanche à la messe, où elle pouvait nous exhiber et écouter les gens la féliciter :

– Ma chère, vos filles vous font honneur.

Nous étions l'œuvre de sa vie.

– Vous allez me ranger toutes ces boîtes, j'espère ?

– *Mm-hmm.*

Adèle a remonté le Victrola[2] et posé un disque de Beethoven sur le plateau.

---

2. Victrola : le modèle de gramophone.

– Écoutez bien ce morceau, jeunes filles. Vous pourrez vous en inspirer quand vous répéterez vos exercices au piano.

Le haut-parleur a régurgité *La lettre à Élise* en accéléré. Adèle avait actionné la manivelle trop énergiquement. Elle s'est arrêtée à la porte.

– Regardez-vous, toutes les deux, vautrées par terre ! Marietta, tu devrais donner l'exemple à ta sœur. Juliette, si tu veux dessiner, assieds-toi correctement à table. Tu vas t'abîmer les yeux en collant le nez sur ta feuille.

– J'aime bien être près de mon dessin. Je vois mieux.

– Tu devrais l'emmener se faire examiner les yeux, a suggéré Vanessa.

– Oui, peut-être…, a admis Adèle.

– Et la tête, pendant qu'on y est, a ajouté Vanessa.

Elle a roulé son journal et m'a examinée à travers ce télescope improvisé, tandis que les jumelles échangeaient leurs pages de bandes dessinées.

Les remarques de Vanessa ne me vexaient pas ; j'y étais habituée. Adèle l'a regardée d'un air de reproche teinté d'indulgence, avant de reporter son attention sur moi. Sur ces entrefaites, le téléphone a sonné. Le front plissé, notre mère s'est précipitée pour répondre. Pour elle, un coup de fil est toujours synonyme de mauvaise nouvelle. Du moins, jusqu'à ce qu'elle décroche. Elle s'aperçoit alors que c'était seulement quelqu'un qui voulait la distraire. Allez savoir pourquoi, quand la sonnerie a retenti, j'ai d'abord cru entendre un bébé pleurer. Un petit garçon. C'était idiot.

La voix d'Adèle est parvenue jusqu'à nous. Elle gazouillait :

– Oh, ma chérie, c'est merveilleux ! Quelle bonne nouvelle ! Comment tu te sens ?

– C'est Béa, ai-je dit d'une voix tranquille.

Adèle est revenue peu après, rayonnante.

– Vous ne devinerez jamais... Béatrice va avoir un bébé !

Un chœur d'exclamations a accueilli la nouvelle. On allait être tantes !

– Et moi, je vais être grand-mère. Oh, là, là ! Je me sens vieille.

– On va enfin avoir un garçon dans cette famille, ai-je dit joyeusement.

– Qu'est-ce que tu racontes ? m'a demandé Adèle.

Les jumelles se sont dressées sur les coudes.

– Comment sais-tu que c'est un garçon ? a voulu savoir Jeanne.

Les autres semblaient déconcertées. Adèle avait une drôle d'expression. Dans un souffle, elle a lâché :

– Juliette, tu es toute pâle. Tu te sens bien ? C'est mauvais pour la santé de rester enfermée toute la journée.

Tu aurais dû passer l'après-midi à l'extérieur, aller courir sur les collines avec tes amis...

J'ai regardé par la fenêtre. Dehors, la tempête de neige faisait rage.

– Quels amis ?

– Justement ! Si tu avais joué dehors, tu te serais fait une dizaine de camarades.

J'ai relevé un bout de ma fresque pour montrer à ma mère la longue file de personnages, dans différentes postures :

– Les voilà, mes amis !

J'avais eu des camarades à une époque, mais je n'en avais plus depuis quelque temps. Les enfants se plaignaient que je les fixais bizarrement. Ça leur donnait la chair de poule. Je ne les fixais pas, je les regardais, simplement.

Adèle a étudié mon dessin en fronçant les sourcils.

– Qu'est-ce que ça veut dire ?

– Rien.

– Comment as-tu dessiné ces gens ? Est-ce que ce sont des gens, d'ailleurs ? Tu as voulu faire des caricatures ?

– Non.

– Dans ce cas, ils ne sont vraiment pas ressemblants.

– Je les ai dessinés comme je les vois.

– Je suis sûre que tu peux t'appliquer davantage, Juliette ! Regarde celle-ci. Elle n'a que des yeux. Et lui, là ! Sa bouche lui mange le visage.

Marietta s'est penchée sur mes dessins et mes autres sœurs sont venues y jeter un coup d'œil pour voir ce qui justifiait une telle agitation. Chacun savait que Marietta était la plus intelligente de la famille. On l'avait soupçonné lorsqu'elle avait terminé le lycée à seize ans, et l'université l'avait confirmé en l'acceptant en faculté de médecine. Après avoir vu mes dessins, elle a délivré son verdict : « Juliette est une artiste. Elle ne voit pas les choses comme nous. Si on refuse de le comprendre, on risque de lui donner un complexe. »

Elle avait assené cette dernière phrase avec l'autorité d'une étudiante en sciences.

– Un complexe ! s'est étranglée Adèle. Je t'en prie, Marietta ! Ton éducation scientifique devrait se limiter à l'étude des maux et des remèdes. Ce serait bien plus utile.

L'aiguille du phonographe, parvenue à la fin de *La lettre à Élise*, crachotait avec insistance pour qu'on la libère. Adèle s'est relevée et m'a posé une main sur le front :

– C'est juste un passage, Juliette. On a tous nos lubies, tu sais...

Elle a jeté un dernier regard à mes dessins en secouant la tête.

Pour moi, Adèle jugeait trop sévèrement mon travail. Mes portraits ne me semblaient pas bizarres quand je les faisais. Bien sûr, maintenant qu'ils étaient au centre de la conversation, je devais convenir qu'ils étaient affreux. Ce n'étaient pas des gribouillages enfantins – j'avais tout de même douze ans –, ils étaient simplement... grotesques.

En temps normal, je déteste aller me coucher. Pourtant, ce soir-là, je suis montée dans ma chambre de bonne heure. Quand Marietta est venue voir si tout allait bien, je grelottais sous mes couvertures. Je me suis tout de même levée.

– Tu n'as jamais eu le pressentiment qu'une chose va se produire, et ensuite elle se produit ? lui ai-je demandé.

– Si, ça a dû m'arriver. On appelle ça l'intuition féminine.

– Ah... Alors c'est ça.

– Tu crois que le bébé de Béa est un garçon, n'est-ce pas ?

– Ce n'est peut-être qu'une intuition féminine.

Je suis retournée me pelotonner sous mes couvertures. Je me disais que, si je restais tranquille, cette sensation désagréable disparaîtrait peut-être. Elle me donnait un mauvais goût dans la bouche. Je sentais que ma vie allait bientôt changer, prendre une nouvelle direction. J'avais l'impression d'être montée sans ticket dans un train pour une destination inconnue.

4

La neige a tenu toutes les vacances. Mon cousin Théodore m'a invitée à lui rendre visite après Noël et à rester jusqu'au jour de l'an. Tante Lydia a accepté, bien sûr. Elle ne refuse jamais rien à son fils.

Maman m'a aidée à faire ma valise en marmonnant :

– Je devrais venir avec toi. Ou alors, les jumelles.

– Pas besoin.

– Tu vas te retrouver en pleine campagne avec Théo.

– On est assez grands.

– Je ne veux pas que tu rendes visite aux vieilles tantes.

J'ai arrêté de plier ma chemise de nuit en flanelle et levé les yeux :

– Pourquoi ?

J'avais deviné qu'Adèle parlait de grand-tante Agnès et de grand-tante Aglaë. Je ne leur avais jamais rendu visite. Pourquoi s'imaginait-elle que j'en avais l'intention ?

Les sourcils froncés, Adèle a rangé un pull au fond de ma petite valise.

– Ce n'est pas un endroit convenable. Ne me demande pas pourquoi. Tu ne dois pas y aller, c'est tout.

J'ai farfouillé sous le lit, à la recherche de mes pantoufles.

– Tu m'as entendue ? a insisté Adèle.

J'ai pris le temps de ranger mes pantoufles et ma chemise de nuit avant d'acquiescer.

– Pense à prendre ta brosse à dents, a ajouté ma mère. Et emporte ton caleçon long. Tu en auras besoin, là-bas. La maison de Lydia est un vrai palais des courants d'air.

Elle a soupiré.

– Tout cela ne me plaît guère.

– Tout ira bien, tu verras.

– Toi et moi, nous n'avons pas la même conception de ce qui est bien. Enfin, Lydia n'est pas sotte, elle t'aura à l'œil.

Lydia et ma mère étaient les deux seules survivantes d'une famille de sept filles, décimée par la grande épidémie de grippe. Elles avaient tendance à vivre l'une sur l'autre, malgré les soixante kilomètres qui les séparaient. Ma mère était la plus jeune, et tante Lydia aimait lui dire ce qu'elle devait faire. Si notre vie avait été une pièce radiophonique, elle se serait chargée de la mise en scène, assurément.

C'était la première fois que je voyageais seule en train. Je me sentais adulte. J'ai fait fondre le givre en soufflant sur la vitre et gratté les cristaux avec mes ongles pour voir défiler les prés d'un blanc bleuté : une mer de neige quadrillée par des clôtures. L'ombre projetée par la vapeur de la locomotive ondulait sur le paysage, tel un drapeau.

J'anticipais les retrouvailles : Théo, content de me voir, ne tiendrait pas en place. Tante Lydia m'accueillerait avec sa fraîcheur et son piquant habituels et oncle John, la pipe aux lèvres, dégagerait son éternelle odeur de laine et de fumée, comme les pantalons de neige séchant sur le coffre à bois, devant le poêle de la cuisine.

Quand le train s'est arrêté dans la petite gare de campagne, près du village de Plum Hollow, je me suis dépêchée de descendre du wagon, ma valise battant contre ma cuisse. Je ne voulais pas que le chef de gare s'imagine que j'avais besoin d'aide.

La locomotive a poussé un soupir et un nuage de vapeur m'a enveloppée. J'ai vu oncle John me faire signe au bout du quai, deviné la silhouette de Théo. Une fois la vapeur dissipée, mon cousin m'a enfin aperçue. Son visage s'est fendu d'un large sourire, un sourire de clown. Il tournait la tête de façon à me présenter son meilleur profil. Derrière moi, le train a émis un sifflement joyeux et un « toout » d'adieu.

Malgré sa casquette à oreilles de cocker et son gros manteau, Théo n'avait pas changé depuis l'été dernier. Assis l'un contre l'autre dans la voiture d'oncle John, nous nous sommes salués à grands coups de poing dans les cuisses. Je me suis lassée avant lui :

– Arrête !

La voiture roulait lentement sur la route bordée de neige. Oncle John a tourné dans le chemin et, bientôt, j'ai vu la haute silhouette étroite de la ferme se découper sur le ciel froid. La maison était bien droite, telle une dame fière de son maintien. À l'image de tante Lydia.

À peine avions-nous franchi la porte de la cuisine et retiré nos manteaux que cette dernière nous a fait mettre dos à dos, pour s'assurer que Théo était toujours le plus grand.

– Vous n'êtes pas épais, tous les deux, a observé oncle John.

À quelques semaines près, Théo et moi avions le même âge. Tante Lydia avait dû patienter huit longues années avant de concevoir son petit Théodore.

L'avantage d'être la plus jeune de la famille et de savoir se fondre dans le décor, c'est que l'on glane ce genre d'informations. Un jour, j'ai entendu ma mère confier à une amie :

– Les cinq premiers mois, Lydia ne s'est même pas rendu compte qu'elle était enceinte.

– Elle devait bien s'en douter…

– Penses-tu ! Elle croyait qu'elle avait une tumeur.

– Non !

Tante Lydia avait fini par consulter un docteur, en ville. C'est alors qu'elle avait appris pour Théo. Quand son fils est né, c'était comme un petit miracle pour elle, malgré sa tache de naissance.

Théo a ce qu'on appelle une tache de vin. C'est une énorme tache pourpre qui couvre presque tout un côté de son visage. Ça paraît grotesque au début, mais on s'y habitue. Tante Lydia dit que c'est un signe du ciel, la preuve que son fils est destiné à accomplir de grandes choses – pourquoi pas devenir Premier ministre du Canada… Théo, quant à lui, est convaincu que son destin est de hanter les maisons. Enfin, ça ne le dérange pas trop. Il ne se regarde jamais dans un miroir, à moins d'y être obligé.

– Si je ne la vois pas, elle n'existe pas, affirme-t-il.

Quand les gens le dévisagent, il les fixe en louchant.

Tante Lydia fonde de grands espoirs dans son fils. « Il faut se fixer des buts », aime-t-elle à répéter. Elle m'a jaugée, les lèvres pincées, avant de lâcher d'un ton soupçonneux :

– Tu commences à avoir de la poitrine.

À croire que je le faisais exprès. Et que ça dérangeait ses plans pour Théo.

– Tu vas bientôt être une jeune femme.

Je me suis renfrognée et Théo a éclaté de rire. Je n'avais pas la moindre envie de devenir une dame convenable et tout en rondeurs, comme ma mère et ses amies. Ni une grande femme sèche, semblable à tante Lydia. Je me plaisais telle que j'étais : filiforme, mais puissante. Agile. Prête à tout.

Théo a pris ma valise et s'est éloigné dans le couloir.

– Viens voir mon invention ! m'a-t-il crié par-dessus son épaule.

Mon cousin avait une voix impossible. Quand il était content, il hurlait à vous déchirer les tympans, mais marmottait de façon inaudible s'il était morose. Il n'y avait pas de juste milieu. Il a monté l'escalier au galop, tête baissée. Après avoir posé ma valise sur le lit de la chambre d'ami, il m'a tirée par le bras pour m'entraîner dans son antre. Au fond de la pièce, sur une table, trônait une construction faite de poids et de poulies. À côté, un dédale de tunnels menait à un morceau de métal acéré, fixé par un fil de fer à l'extrémité d'un bâton.

– C'est mon nouveau piège mortel, m'a-t-il expliqué.

Théo aimait construire des pièges. Ses ennemis imaginaires – principalement des gangsters, des voyous, des petites brutes de cour d'école –, qui ne se doutaient de rien, se retrouvaient soudain privés de tête, de bras ou de jambes. « Clac ! » Ou bien noyés dans de la bougie fondue. Ou écrabouillés par une pierre soigneusement dissimulée.

– Ça marche ?

– Bien sûr que ça marche ! Touche cette lame. Elle est coupante comme un rasoir.

J'ai passé un doigt sur la lame cassée et je me suis coupée. En fait, *c'était* un rasoir ! J'ai lancé un regard furieux à Théo. Il a saisi ma main et sucé mon doigt. Je l'ai repris en criant. Théo a grimacé, à cause du goût métallique du sang.

– C'est comme ça qu'on arrête le saignement, a-t-il protesté.

– Non.

J'ai fixé mon doigt en imaginant que mes vaisseaux sanguins se fermaient, telles des vannes. Je me suis concentrée si fort sur ma coupure que j'ai senti un picotement dans mon doigt, et même dans mes orteils, comme s'ils se mettaient en sommeil. Au bout de quelques secondes, le sang a cessé de couler.

Théo m'a regardée, sidéré.

– Comment tu as fait ?

– Je ne sais pas.

Il a voulu me reprendre la main. J'ai esquivé son geste et reculé pour étudier son piège, les mains dans le dos.

– Ça ne peut pas fonctionner, ai-je observé.

Il a froncé les sourcils, oubliant ma coupure pour défendre sa guillotine.

– Bon, d'accord, ça ne marche pas exactement comme je l'avais prévu, a-t-il fini par admettre. Pour l'instant, l'ennemi doit vraiment y mettre du sien s'il veut être décapité.

– Vous êtes bien silencieux, là-haut. Qu'est-ce que vous fabriquez ?

La voix de tante Lydia nous parvenait par la grille entourant le tuyau du poêle. Le fourneau était dans la cuisine, mais son conduit traversait la chambre de Théo du sol au plafond.

– Rien ! a hurlé mon cousin.

– Dans ce cas, descendez. Vous n'aurez qu'à « rien » faire ici, où je peux vous avoir à l'œil.

Nous avons redescendu l'escalier d'un pas lourd. En présence de tante Lydia, j'étais toujours sur le qui-vive. Comme si les punitions pouvaient pleuvoir à chaque instant.

Une nuit, presque à la fin de mon séjour, la température a soudain dégringolé. Au petit matin, le ciel était gris et des rafales secouaient la cime des pins. J'ai traversé la cour avec Théo pour aller nourrir les poules de tante Lydia, blotties dans leur édredon de plumes. Notre haleine dessinait de drôles de ballons dans l'air glacial.

L'après-midi, oncle John est parti régler des affaires à Brockville. Il n'avait pas prévu de rentrer avant le soir. Tante Lydia et ses amies du club de broderie étaient installées devant leur ouvrage, dans le salon. Je jouais aux échecs chinois avec Théo sur la table de la cuisine, quand la sonnette a retenti.

Nous nous sommes rués vers la porte, mais tante Lydia nous a pris de vitesse et a ouvert en marmonnant :

– Qui diable...

Le médecin du village était sur le perron, voûté, une main sur son chapeau pour l'empêcher de s'envoler. Sa voiture était stationnée dans l'allée. Lydia l'a invité à entrer.

– Votre tante Aglaë ne va pas bien, a-t-il dit en ôtant son chapeau. Son état a empiré pendant la nuit. Un voisin m'a prévenu et je suis allé la voir, tôt ce matin.

Il a secoué la tête.

– Elle est bien mal en point.

Tante Lydia et le médecin ont échangé un regard entendu.

– Je me suis dit que vous pourriez peut-être lui apporter un remède contre la douleur, quand vous sortirez, a-t-il ajouté.

Il a tendu à Lydia un flacon marron, avec une étiquette de prescription.

– Mon Dieu, mais j'ai de la visite ! Et John est absent...

Le docteur a lorgné vers Théo :

– Le petit pourrait se charger de la commission. J'y serais bien retourné moi-même, mais ma salle d'attente est pleine de patients.

Théo s'est avancé d'un pas en bombant le torse. Le docteur l'a regardé avec sérieux.

– Ne cherche pas de noises à cette pauvre Lucie, l'a-t-il prévenu. Elle a senti qu'il se passait quelque chose.

– Ça ne risque rien, a répondu Lydia en saluant le docteur. Théo l'aime bien.

J'ai attendu qu'elle ait refermé la porte pour lui demander :

– Je peux y aller, moi aussi ?

J'ai senti une rougeur envahir mon cou au souvenir des consignes de ma mère. Au salon, les dames discutaient. L'une d'elles a éclaté de rire.

Tante Lydia semblait préoccupée.

– Je vais préparer un panier. Du gâteau de Noël et du bouillon de bœuf.

– Alors, je peux ?

– Non, je ne crois pas.

Elle a froncé les sourcils, comme si elle se rappelait quelque chose, elle aussi.

– Mais je n'ai rien d'autre à faire.

Je l'ai suivie dans la cuisine, où elle a tapissé à la hâte le fond d'un panier avec un torchon. Théo enfilait son manteau. De nouveaux rires ont fusé au salon.

– S'il te plaît…

Mes yeux noirs se sont faits implorants. Lydia a soupiré.

– Bon, d'accord. Tu n'auras qu'à attendre dehors pendant que Théo entrera déposer le panier. Vous reviendrez directement. Théo, tu ne t'attarderas pas, mon garçon. Grand-tante Aglaë est très malade.

Sur ces mots, elle lui a confié le panier. Enchantée, j'ai enfilé mon manteau et remonté ma capuche sur mes oreilles. Il allait se passer quelque chose, je le sentais. J'avais une drôle de sensation dans la poitrine. L'intuition féminine, sans doute.

– Attends-moi ! ai-je crié à Théo.

J'ai filé en laissant claquer la porte derrière moi. Finalement, on n'allait rien faire de mal. Et j'étais sûre que ma mère m'avait seulement interdit d'entrer dans la maison. Qu'à cela ne tienne, je resterais à l'extérieur.

– Si on prenait le raccourci, ai-je suggéré à Théo après l'avoir rejoint.

– Comment tu sais qu'il y a un raccourci ?

Il avait l'air à moitié étranglé avec les oreilles de son chapeau attachées sous le menton. Celle de gauche cachait une partie de sa tache de vin, mais le reste était encore plus rouge que d'habitude à cause du froid.

J'ai haussé les épaules :

– Je l'ai supposé, c'est tout.

J'ai gravi devant lui le sentier enneigé qui s'enfonçait dans un bosquet.

– Pourtant, tu ne leur as jamais rendu visite, a insisté Théo.

– Je sais. Passe-moi le panier, je vais le porter.

J'ai commencé à me frayer un chemin entre les arbres. Leurs branches dénudées grinçaient dans le vent.

– Je ferais mieux de passer devant, a dit Théo. Tu vas nous perdre.

Je l'ai suivi quelque temps en portant le panier. J'avais du mal à dissimuler mon impatience :

– Si on tourne à gauche, on y sera plus vite.

J'ai voulu le dépasser, mais il a foncé devant moi. Il voulait commander, c'était clair. Je l'ai poussé du coude sans penser à mal et il s'est cogné la tête dans une branche basse.

– Oh, pardon !

– Regarde ce que tu as fait ! s'est exclamé Théo.

Il saignait du nez. Le sang dégoulinait sur sa lèvre supérieure.

– Mets de la neige dessus, lui ai-je conseillé, penaude.

Après cela, Théo nous a considérablement ralentis en ramassant de la neige toutes les cinq minutes. Il l'appliquait sur son nez et la jetait quand son appendice menaçait de geler. Une traînée de glaçons sanguinolents marquait notre passage.

Les buissons épais nous protégeaient du vent, mais le froid me mordait les doigts à travers mes gants. Le nez de Théo ne saignait plus. À la sortie d'une clairière, nous sommes arrivés sur la berge d'un lac gelé. Sur la rive opposée se dressait une maison de pierres. Un panache de fumée s'échappait de sa cheminée.

– C'est là-bas, non ?

– Peut-être...

Théo m'a regardée de travers.

– Comment se fait-il que tu en saches autant ?

J'ai secoué la tête ; j'étais la première surprise.

– Je l'ai deviné. Sans doute grâce à mon intuition...

– Ton *intuition*. C'est quoi, ça ?

– C'est quand tu sais quelque chose sans savoir pourquoi tu le sais, ai-je expliqué.

Théo a pouffé. Il ne me croyait pas. Tant pis pour lui. De toute manière, c'était un garçon, et l'intuition ne concerne que les filles.

La glace était d'un bleu sombre, presque noir aux endroits où le vent avait chassé la neige.

– Vas-y la première, m'a suggéré Théo.

Au bord, la glace était parcourue de milliers de fissures. J'ai posé le pied sur la surface. Elle a résisté. Je l'ai frappée du talon sans la briser. Alors, j'ai sauté dessus à pieds joints. Un craquement a résonné d'une rive à l'autre du lac. Une onde de choc a fait gronder ses entrailles. Théo et moi avons hurlé à l'unisson, mais la glace a résisté.

– Avance encore un peu, a dit Théo.

– Si je passe au travers, tu vas devoir me sauver.

– Pas de problème.

J'ai imaginé la scène. Mes bras battant l'eau glaciale ; Théo courant sur la berge en me criant des conseils : « Accroche-toi à quelque chose. Garde la tête hors de l'eau. » J'ai souri. Je me mesurais à la force secrète de la glace et je me sentais invincible.

Théo a attendu que je sois au milieu du lac pour me rejoindre. Ensemble, nous avons couru entre les monticules de neige et fait des glissades. On s'arrêtait ici et là pour admirer une feuille prise dans la glace, une grenouille figée, les membres écartés, dans sa dernière brasse. Sous nos pieds, le lac grondait, furieux de ne pouvoir nous engloutir.

– J'espère qu'on ne va pas tomber sur Lucie, a lâché Théo en arrivant sur l'autre rive.

– Lucie ? Qui c'est ?

– Je ne sais pas. Elle vit avec les vieilles tantes, mais on ne doit pas parler d'elle en public. Elle est toquée.

– À moi, tu peux m'en parler. À quoi elle ressemble ?

– Au derrière d'un cochon !

– Pourquoi est-elle toquée ?

– Elle se balance tout le temps d'avant en arrière, on dirait un cheval à bascule. Et elle n'arrête pas de se tapoter la bouche, comme si elle cherchait ses mots…

– Elle est vieille ?

– Aucune idée. Elle en a l'air, mais je crois que non. Maman dit qu'elle est à la fois bête et intelligente. Elle est née comme ça. Les tantes s'en occupent, parce qu'elles ne voulaient pas qu'on l'envoie à l'asile.

Nous avons enjambé le talus de neige au bord de la route et monté péniblement le chemin menant à la maison, à l'affût de Lucie. Malgré le froid, je sentais des gouttes de sueur perler sur ma lèvre supérieure.

– Je vais t'attendre ici, ai-je déclaré.

Théo a récupéré le panier et disparu dans la pénombre d'un auvent. J'ai patienté en tapant des pieds par terre pour me réchauffer.

Soudain, un son m'a alertée. J'ai scruté le tas de bois de chauffage empilé à gauche de l'entrée sans rien distinguer. J'ai enfoncé les mains dans mes poches et regardé ailleurs. Le bruit – une sorte de chuchotement – se répétait. « C'est une souris », ai-je décidé.

« Ssss. »

J'aurais aimé me persuader que c'était bien un rongeur, ou même un serpent, malgré le froid. Mais mon cœur qui battait la chamade me disait que ce son provenait d'un être humain. « Ssss. »

Ma peau me picotait, comme si je m'étais approchée trop près d'un feu. Je me suis retournée brusquement et je me suis retrouvée nez à nez avec une femme aux lèvres tombantes, aux yeux exorbités, vêtue d'un manteau de fourrure en loques. Elle brandissait un bâton gros comme une batte de base-ball au-dessus de ma tête. J'ai retenu ma respiration. J'avais les jambes en coton.

– C'est bon, Lucie ! Ça suffit !

Une vieille femme se tenait sur le seuil de la maison, qui semblait plongée dans le noir.

– Elle ne te fera aucun mal, ma jolie. Elle aime bien taquiner les gens. Viens donc te mettre à l'abri. Ce n'est pas un temps à rester dehors. Lucie, rentre immédiatement !

Lucie s'est engouffrée dans la maison en marchant comme un crabe, tandis que la vieille levait sur elle une main menaçante. Terrorisée, je leur ai emboîté le pas.

5

Il faisait chaud dans la grande cuisine, où flottait une odeur âcre de fumée et d'épices. J'ai quitté la vieille femme des yeux juste le temps d'apercevoir un petit escalier adossé à un mur de la pièce. Lucie avait disparu. En revanche, Théo était là. Installé à table, une assiette posée devant lui, il se goinfrait de pain d'épices. La femme m'a fait asseoir en face de lui, à l'autre bout de la table. Théo a levé les yeux et haussé les épaules en signe d'impuissance.

La vieille sorcière est allée ouvrir la porte grinçante du poêle. Elle s'est courbée pour regarder à l'intérieur. En croisant les bras, j'ai soudain pris conscience de ma maigreur sous mon manteau. La vieille s'est redressée et a paru me jauger. J'avais l'impression d'avoir basculé dans un conte de fées.

– Faudrait te remplumer un peu, ma belle, a-t-elle lâché.

Elle a introduit une bûche dans le poêle, sur lequel trônait une marmite d'eau bouillante. Puis elle s'est intéressée au panier que nous avions apporté. Elle l'a vidé avec lenteur, examinant chaque article en louchant.

– Qu'est-ce que c'est ? Un médicament ?

– C'est de la part du docteur, a expliqué Théo.

La vieille s'est assise sur la chaise voisine de la mienne et m'a proposé du pain d'épices.

– Non, merci, ai-je fait d'une voix étranglée.

Je me tenais sur une fesse pour mettre le plus de distance possible entre nous, tout en me répétant : « Je n'aurais pas dû venir. Je vais me lever et m'en aller. »

La vieille femme a souri, découvrant une rangée de dents parfaites… mais seulement celles du bas.

– Tu veux du café ?

Un « Mmp ! » confus a franchi mes lèvres pincées. J'ai glissé mes cheveux derrière mes oreilles. Le cœur battant à tout rompre, j'ai regardé Théo engloutir une nouvelle tranche de pain d'épices. J'aurais voulu lui faire comprendre sans parler qu'il était temps de partir, mais il m'ignorait consciencieusement.

La femme est allée chercher une paire de lunettes cerclées de métal sur une étagère, près du poêle. Elle les a chaussées sur son nez avant de m'examiner de nouveau.

– Le garçon me dit que tu es la fille de ma nièce Adèle... La plus jeune, a-t-elle fait d'une voix pâteuse. Je suis ta grand-tante Agnès. Tes sœurs vont bien ?

J'ai opiné.

– Elles sont encore toutes à la maison ?

– Trois sont parties, ai-je articulé.

– Ta mère aussi avait six sœurs et elle était la plus jeune. Tu le savais ?

– Je n'en ai que cinq.

Agnès a ri bruyamment.

– Aglaë et moi, on est venues à ton baptême. Aglaë tenait encore sur ses jambes, à l'époque. Il a eu lieu tard. Tu marchais déjà. Ça te fait quel âge, maintenant ?

– Douze ans.

– Il est temps qu'on te le dise. Aglaë n'aura peut-être pas d'autre occasion, vu son état. Dieu sait combien de temps il lui reste à vivre.

Elle a empoché le flacon de médicament et s'est levée :

– Viens, ma fille. Suis-moi !

Elle a posé ses deux mains sur mes épaules et m'a forcée à me mettre debout. J'ai voulu m'agripper au bras de Théo, mais il s'est dérobé.

– Vas-y ! m'a-t-il murmuré. Elles ne te feront pas de mal si tu restes polie.

Sans me lâcher les épaules, Agnès a voulu me faire sortir de la cuisine. J'ai résisté. Je me tortillais pour me libérer.

« Ssss ! »

J'ai levé les yeux et aperçu Lucie, penchée par-dessus la rambarde de l'escalier. Son visage porcin avait une expression menaçante. Quand elle a commencé à descendre les marches, je me suis décidée à bouger.

Agnès m'a précédée dans le couloir faiblement éclairé menant au salon. La pièce, meublée d'un poêle, d'un rocking-chair et d'une banquette désuète, était imprégnée d'une odeur infecte : un mélange de goudron et de naphtaline. La chambre de grand-tante Aglaë était juste derrière.

Nous nous sommes arrêtées au pied d'un lit carré aux pieds tournés. Sur la table de chevet, une mâchoire supérieure aux gencives orange me souriait, posée sur une Bible. « L'autre moitié des dents d'Agnès », ai-je songé. Dans le lit gisait un squelette à la peau parcheminée. Je me suis détournée.

– Elle ne va pas te mordre, m'a dit Agnès. On ne croirait pas, mais elle est éveillée.

Là-dessus, elle a crié :

– Aglaë ! La fille d'Adèle est là. La plus jeune.

La vieille a ouvert un œil chassieux, puis l'autre. J'ai voulu reculer, mais Agnès me poussait dans le dos pour m'obliger à m'approcher davantage.

– C'est donc toi, l'élue ? a chuchoté Aglaë. Agnès, passe-moi les lunettes.

Agnès les a retirées de son nez pour les poser sur le crâne presque chauve de sa sœur, passant avec précaution les branches derrière ses oreilles. Les yeux d'Aglaë, immenses à présent, se sont fixés sur moi.

– Lydia t'a fait porter un remède de la part du docteur, lui a dit Agnès.

Elle en a versé une dose dans un petit verre, qu'elle a porté aux lèvres de sa sœur après lui avoir relevé la tête. Aglaë a avalé le breuvage avec une grimace.

– Tu devrais mettre tes dents, lui a crié Agnès en reposant le verre.

Horrifiée, j'ai vu la grabataire tendre la main, griffer la table de chevet et prendre le dentier. Au prix d'un immense effort, elle a écarté ses lèvres pour glisser le râtelier entre ses gencives pâles. J'ai fait une nouvelle tentative pour reculer. Agnès me maintenait toujours fermement.

– Ils m'ont dit une fois… a commencé Aglaë dans un râle. Ta mère m'a dit : « Mieux vaut ne pas lui en parler. Je ne veux pas qu'on lui raconte… » Bah ! ça fait longtemps, maintenant.

Elle a fermé les yeux. Je me suis remise à respirer, espérant qu'elle s'était rendormie… ou qu'elle était morte.

Elle les a rouverts brusquement et m'a interrogée :

– Alors, ça a commencé ?

– Qu-quoi ?

– Est-ce que tu vois... des motifs dans les choses ? Est-ce que tu devines le futur ?

Ma mère avait raison, ce n'était pas un endroit convenable.

– Non, ai-je lâché d'un ton renfrogné.

L'haleine fétide de la vieille femme me donnait la nausée. J'avais remarqué un pot de chambre sous le lit. Malgré son couvercle, il sentait mauvais, lui aussi.

Agnès m'a donné un petit coup de coude :

– Parle gentiment, ma fille. Et plus fort. Aglaë est dure d'oreille.

– Non, rien ! ai-je braillé.

La vieille femme a plongé son regard dans le mien.

– Petite menteuse ! Je vois à tes yeux que tu l'as reçu. Tu as le don, comme l'avait ma mère. Tu es le portrait craché de ton arrière-grand-mère.

J'ai essuyé la rebuffade sans broncher. J'étais rivée au sol, comme ensorcelée. J'avais trop chaud. J'ai retiré mon manteau et tiré sur le col de mon pull.

Agnès m'a sifflé à l'oreille :

– Il y a longtemps qu'Aglaë veut te parler de notre mère. De ton arrière-grand-mère. Écoute-la donc. Elle s'y est préparée pendant toutes ces années, rien que pour toi.

« Pour moi ! Pourquoi ? »

Assommée, j'ai laissé la vieille femme débiter son histoire d'une voix éraillée. Les phrases s'enchaînaient dans un souffle, telles les paroles d'une chanson familière ou d'une prière :

– Elle savait si bien consoler ceux qui la connaissaient. On venait de partout... Sir John A lui-même, à ce qu'on dit... Elle vivait et nous faisait vivre en disant la bonne aventure. Vingt-cinq cents la prédiction, si je me souviens bien. C'était plus cher pour les objets perdus. Elle a même élucidé un meurtre et elle est allée à Brockville assister à la pendaison du coupable.

Il ne m'en fallait pas davantage pour mordre à l'hameçon ; j'ai tendu l'oreille.

Après avoir rajusté son dentier d'un coup de langue, Aglaë a poursuivi :

– C'était une Irlandaise... la septième fille d'une septième fille. Et son père, un homme fier, était un officier de l'armée britannique.

Était-ce l'effet du médicament ? La voix d'Aglaë coulait à présent, fluide comme un ruban de satin.

– Enfant, on la trouvait plus jolie que ses sœurs. Elle avait des yeux perçants qui vous saisissaient pour ne plus vous lâcher, et qui lisaient en vous comme dans un livre. Il n'y avait pas, dans toute l'Irlande, de fille plus belle et plus sage. Mais sa sagesse avait quelque chose de troublant, qui inquiétait sa mère. L'enfant avait en effet le don de prévoir l'avenir, et cela risquait de lui causer bien des souffrances. D'autant qu'elle ne pouvait faire cesser la douleur, ni changer le cours des choses.

Superbe, avec ses cheveux blonds et ses yeux noirs comme le charbon, elle était invitée à tous les bals. Elle a fini par conquérir le cœur d'un humble jeune sergent, qui servait dans la compagnie de son père.

La vieille femme s'est interrompue pour passer sa langue sur ses lèvres.

– Hélas ! son père s'est opposé à ce mariage, et la jeune fille a versé des larmes amères. Finalement, les deux tourtereaux se sont enfuis au Canada et ma pauvre mère s'est retrouvée séparée de la famille qui l'avait choyée pendant toute son enfance.

Aglaë s'est tue brusquement.

– C'est fini ? ai-je lâché malgré moi.

Je me sentais flouée. Elle n'allait pas s'arrêter là ! Il y avait forcément une suite.

La respiration de la vieille femme s'était changée en ronflement sonore, comme si elle s'était endormie. Je me suis avancée timidement pour effleurer son épaule. Elle a frissonné et poussé un profond soupir avant de reprendre son récit :

– Finalement, ma mère est arrivée sur les rives de ce lac et s'est installée dans une pauvre cabane de rondins, non loin de cette maison de pierres. Avec le temps, le bruit a commencé à courir qu'elle avait des pouvoirs surnaturels. Les gens ont accouru de partout. On venait la consulter pour savoir quand semer, où trouver un objet disparu, quel serait le sexe de l'enfant à naître.

Mon père s'est vite lassé de recevoir tous ces visiteurs et de voir sa femme courir la campagne. Il lui a défendu de continuer, mais il ne pouvait pas l'en empêcher. « Un homme sain d'esprit ne peut pas vivre avec une voyante sans perdre l'estime de soi », disait-il. Il n'était pas du genre à se laisser mener par le bout du nez et, honnêtement, quel homme sur cette terre le blâmerait d'être parti ?

Il a donc quitté ma mère et ses enfants : Agnès et moi, notre sœur Rose – qui était ta grand-mère –, et nos deux frères. Agnès et moi, on ne s'est jamais mariées. Rose l'a fait, et elle a eu la joie de mettre au monde sept belles filles. Bien qu'il soit parti, je continue à dire que papa était un homme au grand cœur. Il a été rudement éprouvé.

Bientôt, la rumeur a circulé que notre mère pouvait lire dans les tasses de thé avec l'acuité de la pythie de Delphes – ainsi qu'on la surnommait parfois. Je revois les voitures à cheval garées devant chez nous. Leurs propriétaires attendaient que maman les invite à entrer pour leur dire la bonne aventure autour d'une petite table en pin.

J'ai assisté à la scène plus d'une fois, et même devenue adulte, car j'ai vécu aux côtés de ma mère toute sa vie. Je la voyais faire tourner la théière pour agiter les feuilles. Les visiteurs assoiffés de prédictions devaient alors emplir une tasse, puis en vider avec soin le liquide en s'assurant que les feuilles restent au fond. « Maintenant, agitez-les, leur commandait maman. Faites-les tourner. » Lorsque c'était chose faite, elle leur prenait la tasse des mains et lisait.

Un jour, je me souviens qu'elle a retourné la tasse. Un groupe de jeunes gens étaient venus demander à « la magicienne », comme ils l'appelaient, de leur prédire l'avenir. Ils adoraient ce genre de distraction, qui leur fournissait des histoires à raconter chez eux.

C'était une belle journée de printemps, le soleil brillait. Une jeune fille s'est assise en face de maman. J'ai vu le visage de ma mère s'assombrir. Ses yeux de jais, toujours brillants, sont devenus ternes. Elle est restée silencieuse beaucoup trop longtemps. Elle a fini par rendre sa pièce à la jeune fille en lui disant : « Je ne vois pas d'avenir dans votre tasse. » La fille a baissé les yeux, triste et embarrassée, comme si elle avait fait quelque chose de mal. Ma mère l'a raccompagnée à sa voiture et a suggéré au chauffeur : « Prenez la route la plus longue pour rentrer, mon garçon. » Le jeune homme a ri et balayé ce conseil d'un geste de la main. Ma mère est restée sur la route ; elle a regardé la fille s'éloigner avec ses amis.

Les lèvres de grand-tante Aglaë se sont fermées en claquant. Elle les a rouvertes pour les humecter avec sa langue. J'ai attendu en la fixant, fascinée. Elle a inspiré longuement.

– Ensuite, ma mère a répété à tous ceux qui attendaient leur tour : « Je ne vois aucun avenir. » Puis elle est rentrée tristement dans la maison. Elle a refermé la porte derrière elle et n'a plus reçu personne pendant une éternité. Moins d'une heure plus tard, sur le chemin du retour, les chevaux qui conduisaient la jeune fille ont pris peur au passage d'un train. Elle a été éjectée de la voiture et elle est morte sur le coup.

Soudain transie de froid, je me suis mise à frissonner. Grand-tante Aglaë s'est tue.

– Et ensuite ? ai-je fait.

Aglaë s'est tournée vers moi, surprise.

– Hein ?

– Qu'est-ce qui est arrivé ensuite ?

Elle a plongé ses yeux dans les miens.

– Certains ont traité ma mère de sorcière. Dans le temps, on avait coutume de brûler les sorcières. C'est peut-être encore le cas, d'ailleurs.

Seule sa respiration laborieuse troublait encore le silence. Je l'ai interrogée d'une voix stridente :

– Et c'en était une ?

– Ils l'appelaient pour les accouchements, a répondu Aglaë dans un souffle. Et pour la toilette des morts.

– C'en était une ? ai-je répété, plus fort.

Je me suis rappelé les sarcasmes de Rachel Wirt, qui prétendait que ma famille était pleine de folles et de sorcières.

La voix de la vieille Aglaë n'était plus qu'un chuchotement :

– Et c'était la septième fille d'une septième fille.

Elle a tendu une main tremblante vers moi. Je me suis dérobée, jusqu'à ce qu'Agnès me force à la prendre en me poussant dans le dos.

– Ce n'était pas une sorcière, est intervenue Agnès. La preuve : elle a toujours pu voir son ombre. Quand elle ne la voyait plus, elle allumait une bougie. Le soir, en passant sur le chemin, il suffisait de lever la tête pour apercevoir son ombre par la fenêtre.

J'ai touché la main d'Aglaë, sèche comme du papier. Ses veines dessinaient des montagnes miniatures et ses tendons, un réseau de routes. Ses doigts secs se sont fermés sur mes mains moites, comme si nous étions liées par un pacte :

– Je t'ai raconté cette histoire, car tu es l'élue. Tu as reçu le don.

Elle a fermé les yeux.

– Je ne suis pas l'élue ! ai-je déclaré, péremptoire.

Les deux vieilles femmes m'ont regardée. Elles ont secoué la tête et se sont mises à rire.

– Je ne suis pas l'élue ! ai-je répété en criant.

Puis j'ai fait demi-tour et j'ai foncé dehors en me cognant dans les meubles. Je hurlais encore quand j'ai fait irruption dans la cour.

Lucie a dévalé l'escalier et m'a suivie à l'extérieur. Elle m'a apostrophée de loin :

– Petite sœur ! Petite sœur !

J'ai traversé la route en courant. Arrivée sur la glace, je me suis arrêtée pour boutonner mon manteau et je me suis retournée. Le temps de trois battements de cœur, nous nous sommes regardées.

– Non ! ai-je braillé.

J'ai suivi les pétales rouges du sang de Théo dans la neige. Ils me paraissaient de plus en plus gros à mesure que j'avançais. À la fin, c'étaient de véritables flaques. Des présages ? Je suis arrivée à la maison presque en même temps que mon cousin. Il était prêt à me bombarder de questions.

– Que s'est-il passé ?

– Rien. Elle m'a juste raconté une histoire à dormir debout.

Je me suis tournée vers lui. Il me fixait durement. J'ai senti mes yeux flamboyer, noirs comme le jais.

J'étais contente que mes vacances se terminent. Je suis allée me coucher de bonne heure, sans manger. Lydia a cru que j'étais malade, mais j'allais bien. L'histoire qu'Aglaë m'avait racontée était ridicule. Cette vieille femme était toquée. D'ailleurs, elles l'étaient toutes les trois, surtout Lucie. Elle ne m'avait pas appelée « petite sœur ». Maintenant, j'en étais sûre : j'avais mal entendu. Elle avait dû crier « tu as peur ». Rassurée, je me suis pelotonnée dans mon lit et je me suis efforcée de penser à autre chose : la neige, la glace, l'obscurité.

Théo est entré plusieurs fois dans la chambre. J'ai fait semblant de dormir.

– Je sais que tu ne dors pas, a-t-il grommelé.

Il pouvait penser ce qu'il voulait, ça m'était complètement égal. J'ai gardé les paupières fermées jusqu'à ce qu'il parte. Je n'avais pas envie de lui rapporter le charabia de la vieille Aglaë. D'ailleurs, j'en avais déjà oublié la moitié. « Neige, glace, obscurité », ai-je pensé.

Je me suis aussitôt sentie mieux.

– Qu'est-ce que tu avais hier soir ? m'a chuchoté Théo le lendemain matin, quand je suis descendue prendre mon petit déjeuner, affamée.

– Rien. J'étais juste fatiguée. J'ai dû attraper froid.

– Pourquoi tu t'es sauvée en courant de chez les tantes ?

– Il faisait trop chaud et ça sentait mauvais.

J'avais peur qu'il continue son interrogatoire. Heureusement, tante Lydia a fermé le robinet de la cuisine et demandé :

– C'est quoi, ces messes basses, tous les deux ?

– Rien ! a-t-on répondu en chœur.

De retour à la maison, j'ai passé de longues heures dans ma chambre. Des bribes de l'histoire d'Aglaë se frayaient sournoisement un chemin dans ma tête.

« C'est ridicule ! chuchotais-je. Qui peut croire de telles sornettes ? »

Dans cette pièce propre et claire, familière, j'arrivais à respirer profondément et à me persuader que rien de tout cela n'était vrai. À la rigueur, peut-être que mon arrière-grand-mère disait la bonne aventure. Cette histoire me rappelait quelque chose. Mais elle n'avait rien à voir avec moi. Les voyantes devaient être nombreuses, par ici. Quant à savoir si elles étaient ou non extralucides, c'était une autre affaire. Tout cela n'était qu'une comédie.

Grand-tante Aglaë est morte peu de temps après ma visite. Adèle est allée à son enterrement. En revenant, elle avait une mine affreuse, comme si elle avait vécu une terrible épreuve.

6

Tous les matins, cet hiver-là, je suis allée à l'école en traînant des pieds, en compagnie des jumelles. On ne parlait pas beaucoup en chemin. Mes sœurs, emmitouflées dans leurs manteaux identiques, communiquaient surtout entre elles. De temps à autre, Jeanne, qui pressait l'allure pour ne pas se faire distancer, marchait sans le vouloir sur les talons des galoches de Camille.

– Ouille ! protestait Camille. Moi aussi, je marche dessus, figure-toi !

– Désolée.

Les jumelles, qui allaient au lycée, avaient davantage de trajet à parcourir que moi. J'étais encore à l'école élémentaire, en huitième. J'étais la plus jeune et la plus petite de ma classe. Plusieurs filles étaient même assez âgées : elles auraient dû être au lycée si elles n'avaient pas redoublé. C'étaient des amies de Rachel Wirt.

Moi, je n'avais pas d'amies à l'école. Sauter une classe m'avait rendue timide et je regardais ces grandes filles avec méfiance. Elles passaient leur temps à parler de poitrine ou de garçons. En plus, elles sentaient fort, sans que cela semble les incommoder. Je n'étais pas des leurs et elles me le faisaient bien sentir. Qu'importe : je m'accommodais parfaitement de mon corps plat, filiforme. J'espérais qu'il ne changerait jamais.

– Tu écoutes, Juliette, ou tu rêves ? m'a demandé l'institutrice.

– Oui, mademoiselle Boyle.

La classe a éclaté de rire. Écarlate, j'ai ouvert mon livre de lecture et fixé mon attention sur le poème que nous avions à apprendre. Mlle Boyle a plissé la bouche. Cette petite moue de chat qui faisait jaillir des moustaches aux commissures de ses lèvres lui valait le surnom de « Minette ».

Après Noël, allez savoir pourquoi, je pensais encore à Rachel Wirt. Je me rappelais ses yeux, si souvent rouges et gonflés. Un jour, Mlle Boyle avait abattu sa règle sur son pupitre pour la réveiller. Rachel devait dormir profondément, car elle s'était réveillée en sursaut. Son premier réflexe avait été de cacher sa tête entre ses bras pour esquiver un coup imaginaire. Là aussi, tout le monde avait rigolé.

Certaines filles disaient que Rachel avait fugué parce qu'elle détestait son père, un alcoolique. D'autres affirmaient que ce dernier l'avait assassinée et enterrée dans la forêt. Une des amies de Rachel, qui venait en classe avec des socquettes et des chaussures à talons hauts, nous a affirmé qu'elle était partie pour Hollywood en auto-stop. Elle était sûre de l'avoir vue dans un film.

– Lequel ? a demandé quelqu'un.

– J'ai oublié le titre. Rachel jouait dedans et elle était sublime. Elle n'avait pas le premier rôle, mais un rôle pas mal pour une fille comme elle.

À la maison, on ne parlait que de la guerre. Adèle se plaignait du rationnement du sucre et de l'essence. Elle avait beau conduire très rarement la voiture, elle ne supportait pas les restrictions. Comme Béatrice attendait un bébé, elle aurait voulu lui rendre visite le plus souvent possible, pour l'aider. Et elle n'imaginait même pas arriver les mains vides, sans un gâteau, une tarte ou une assiette de brownies.

Un week-end, Marietta est rentrée à la maison révoltée par les émeutes de la conscription à Montréal :

– Je ne vois pas où veut en venir le Premier ministre avec son discours : « La conscription si nécessaire, mais pas nécessairement la conscription. »

Elle a balancé un bras en l'air. On aurait dit qu'elle voulait secouer le Premier ministre pour le contraindre à s'expliquer. Au passage, elle a renversé un verre d'eau.

– Crotte !

– Arrête de battre l'air, Marietta ! Et fais attention à ton langage !

Adèle a épongé la flaque avec sa serviette de table pour éviter que l'eau coule par terre.

– Ce n'est pas parce que tu as une éducation scientifique que tu es dispensée de te comporter comme une dame.

Marietta n'était pas la jeune fille idéale dont notre mère rêvait. Loin de là.

– Je ne comprends pas pourquoi cette enfant a voulu faire des études de médecine, avait-elle confié à Lydia un samedi, le jour où notre tante venait en ville.

Elles discutaient autour d'une tasse de thé. Assise à côté d'elles, je travaillais tranquillement à mes vilains portraits en les écoutant.

– C'est tellement inconvenant pour une jeune femme… Sans compter que c'est malsain et morbide, avait continué ma mère.

– Adèle, le monde change, avait répondu Lydia.

– En effet. Et pas en bien. Ces études sont un gâchis épouvantable. Qui donc voudrait consulter une femme docteur ? Dis-le-moi.

Lydia était restée silencieuse. J'imagine qu'elle n'avait pas trouvé un seul nom à citer.

Un après-midi de février, Adèle a invité son club de bridge à se réunir chez nous. La réunion tirait à sa fin quand je suis rentrée de l'école avec une migraine épouvantable. J'avais un besoin pressant de sucreries. J'espérais que ces dames n'auraient pas fini tous les gâteaux confectionnés pour l'occasion. La plupart venaient avec des friandises, pour éviter de dévaliser les stocks de leur hôtesse.

– Quelqu'un reprendra du thé ? a demandé ma mère d'un air las.

– Volontiers, a dit Mme Wilson.

Elle s'est levée pour suivre Adèle dans la cuisine. Ma mère a ouvert la théière, qu'elle avait astiquée le matin même, avant d'y verser de l'eau chaude.

– Nous avons passé plus de temps à bavarder de la guerre qu'à jouer au bridge, a observé Mme Wilson.

Elle a tendu sa tasse et sa soucoupe à Adèle. Mme Musgrove, debout près d'elle, sirotait les dernières gouttes de son thé.

J'ai pressé les doigts contre mon front, en prenant soin de les retirer avant qu'Adèle me voie. Elle désapprouvait les migraines.

« Les gens qui se plaignent de tous leurs petits bobos manquent de force de caractère », disait-elle souvent.

Les dames avaient rangé les cartes et additionné leurs points. Elles flânaient dans la salle à manger, qui résonnait de leurs bavardages et du cliquetis des tasses. Je me suis frayé un chemin vers le buffet, où trônait la dernière part de gâteau.

– Je me demande si j'aurais dû jouer ce pli sans atout, disait Mme Musgrove à personne en particulier.

Elle a posé sa tasse et sa soucoupe sur le buffet au moment où je tendais la main vers le morceau de gâteau. Ma manche s'est prise dans l'anse de la tasse, qui s'est renversée. Quelques gouttes de thé ont coulé dans la soucoupe. Mme Musgrove a redressé la tasse et souri en découvrant les feuilles de thé restées dans le fond. Puis elle a haussé les sourcils, l'air taquin.

– Tu n'y couperas pas, ma jolie, a-t-elle chantonné. Tu connais l'adage : « Celle qui renverse le thé doit lire dans les feuilles. »

Embarrassée, j'ai reculé vers la porte de l'office dans l'espoir de m'éclipser. Mais Mme Musgrove m'a rattrapée en riant et m'a collé sa tasse sous le nez. Je me suis penchée dessus, les sourcils froncés.

– Allez, belle gitane, dis-moi la bonne aventure !

Les autres dames m'ont regardée avec des airs amusés. Elles jouaient le jeu.

– Comme elle est menue ! a lâché quelqu'un. Un vrai petit lutin.

Je me suis sentie rougir et j'ai regardé de nouveau dans la tasse. Des feuilles de thé étaient entassées au fond, d'autres collées sur un côté. Sans réfléchir, j'ai marmonné :

– Je crois que vous allez avoir beaucoup d'argent.

Les rires ont fusé au-dessus de ma tête.

– Bravo, ma chère !

– Cette petite est délicieuse ! s'est extasiée une dame.

– Vous n'avez pas à vous inquiéter pour cette enfant, Adèle ! a dit une autre.

J'ai chapardé le morceau de gâteau bien mérité et traversé la cuisine pour filer par l'escalier du fond.

Le soir même, vers neuf heures, tout le club de bridge apprenait que le frère célibataire de Mme Musgrove avait succombé à une crise cardiaque. L'homme avait gagné un million en faisant le commerce de diamants africains et Mme Musgrove était sa seule héritière. Je suis restée cachée dans ma chambre toute la soirée. Adèle a reçu pas moins de sept coups de fil. Je l'entendais protester au téléphone :

– Voyons, ce n'est qu'une enfant !

J'ai tenté de masquer sa voix en récitant les pays et les capitales de l'Amérique du Sud. Peine perdue.

– Une pure coïncidence !

Le téléphone a enfin cessé de sonner. J'ai attendu en retenant ma respiration qu'Adèle vienne frapper à ma porte. Quand elle est entrée dans la chambre, son visage était barré de lignes horizontales : les sourcils, le nez, la bouche, tout était crispé. Elle s'est assise au bout de mon lit, où je m'étais allongée pour réviser un contrôle de géographie. J'ai posé un doigt sur le Venezuela et fermé les yeux. Derrière mes paupières, l'emplacement de Caracas sur la carte a remplacé le visage d'Adèle.

– Il est temps qu'on ait une petite discussion, a-t-elle dit en s'efforçant d'adoucir sa physionomie.

– À quel sujet ?

Adèle était pâle. La peau sous ses yeux était bouffie. Elle avait l'air vieille. Elle a massé ses doigts, comme si ses articulations la faisaient souffrir.

– Je n'aime pas ce petit jeu que tu joues, Juliette. Tu fais semblant de deviner l'avenir. C'est mal.

J'ai mordillé l'ongle de mon pouce :

– Ce n'est pas de ma faute.

Adèle m'a sorti la main de la bouche. J'ai repris pour ma défense :

– Elles m'ont demandé de lire dans les feuilles de thé. Je ne pouvais pas savoir que le frère de Mme Musgrove allait mourir !

– Je sais. Je ne te le reproche pas.

Adèle a plongé les yeux dans les miens.

– Seulement, si tu commences à croire ces choses-là, Juliette, tu risques de ne plus pouvoir t'arrêter. Et à force, les gens vont penser que tu es… un peu dérangée. Ils vont t'éviter. Je ne voudrais pas que tu aies la réputation d'être bizarre. Je te le dis maintenant et j'espère que tu te le rappelleras toujours.

J'ai fixé mon cahier de géographie pour me distraire, mais j'étais incapable de me concentrer.

– J'aurais pu inventer quelque chose, j'imagine.

Adèle fixait ses mains d'un air renfrogné. Ses jointures étaient rouges, légèrement enflées.

– Qu'est-ce que tu as vu dans la tasse ?

– Des pièces. Beaucoup de pièces.

– Tu n'as pas vu de feuilles de thé ?

– Si, bien sûr. Mais elles dessinaient un motif, comme des tas de pièces. Et je n'arrivais pas à voir autre chose.

– Comment as-tu deviné ce que cela signifiait ?

– Je n'ai rien deviné ! ai-je répondu, surprise. J'ai dit la première chose qui m'est venue à l'esprit. Pour que Mme Musgrove me laisse tranquille.

– J'ai deux conseils à te donner, Juliette, a repris Adèle. Réfléchis avant de parler. Et surtout, ne dis pas tout ce que tu crois savoir.

Elle avait prononcé ces mots avec une expression prudente. Énigmatique.

– Et n'essaie pas de regarder les choses aussi intensément, au point qu'elles deviennent toutes distordues. Mieux vaut rester en surface. Lève les yeux et regarde les collines.

Sur ces mots, elle s'est remise debout, a rentré le ventre et redressé le dos.

– Je te soupçonne d'avoir déjà entendu les histoires qu'on raconte sur ton arrière-grand-mère.

Elle a attendu ma réponse en silence.

– Oui, ai-je avoué d'une petite voix.

– J'en étais sûre ! Lydia aurait dû me prévenir. Ce ne sont que des sornettes, évidemment. Mes tantes s'amusent et amusent ceux qui daignent les écouter en parlant du prétendu don de voyance de ma grand-mère !

J'ai observé Adèle. Ses yeux erraient sur les murs, d'un angle à l'autre de la pièce. Ils se sont enfin arrêtés sur moi.

– Ce ne sont que des mensonges, a-t-elle décrété. Il n'y a pas une once de vérité là-dedans, et ça ne vaut pas qu'on s'y attarde.

Ma mère a fait un nouvel effort pour détendre son visage. Elle m'a embrassée sur le front pour me souhaiter une bonne nuit, puis s'est figée. Une pensée venait de la frapper :

– Y avait-il quelqu'un d'autre dans la maison des tantes ?

– Non, ai-je menti.

– Hmm.

Elle a expiré et plissé les yeux, perplexe. Elle m'a de nouveau souhaité une bonne nuit avant de quitter la chambre d'un pas pesant.

7

Début mars, la neige avait presque complètement fondu. Le soleil était chaque jour un peu plus brillant, un peu plus chaud. Pourtant, c'est à peine si je m'en rendais compte. Aller à l'école était devenu une véritable épreuve ; mes notes lamentables rappelaient celles de Rachel Wirt autrefois. Je ne cessais de ruminer l'histoire étrange que m'avait racontée grand-tante Aglaë. Pendant la journée, je me tracassais à cause des mensonges qu'elle avait tenté de me faire avaler. Durant la nuit, j'étais hantée par des rêves – ou plutôt des cauchemars – de Lucie. Malgré cela, je voulais retourner dans la maison de pierres. Juste une fois. Il fallait que j'en aie le cœur net. Mais pour cela, il me faudrait probablement attendre les vacances de Pâques, c'est-à-dire patienter encore plus d'un mois.

Finalement, tante Lydia nous a téléphoné un soir pour me proposer de les accompagner à l'étranger le week-end suivant. Ils devaient rendre visite à la sœur de l'oncle John, souffrante, qui vivait à Watertown, dans l'État de New York aux États-Unis. Ma mère a d'abord refusé. Elle n'avait pas pardonné à Lydia de m'avoir laissée voir les vieilles tantes.

– Ce serait une expérience culturelle pour Juliette, a insisté Lydia.

Elle avait tendance à crier au téléphone, car la ligne était mauvaise.

– Les voyages forment la jeunesse, a-t-elle ajouté en braillant.

– Je préfère qu'elle reste à la maison pour étudier, a dit Adèle.

– Théodore viendra seulement si ta fille est là pour lui tenir compagnie. Si tu refuses que Juliette nous accompagne, je peux te le laisser ?

Adèle avait toujours trouvé Théo trop turbulent à son goût, trop bruyant.

– Bon, a-t-elle cédé, je veux bien que Juliette parte avec vous. À condition qu'elle emporte ses cahiers.

– Mais oui, bien sûr ! a crié ma tante dans le récepteur. Théodore aussi emportera les siens.

Elle a précisé qu'oncle John devait se rendre en ville et qu'il passerait me chercher le vendredi après l'école. Ils me ramèneraient le dimanche. Apparemment, les fermiers pouvaient se procurer plus de carburant que les autres.

Le samedi matin, nous nous sommes levés tôt, tout excités à l'idée de traverser la frontière. Je n'ai pas eu une seule pensée pour les trois femmes grises dans leur maison grise. Ni Théo ni moi n'étions jamais allés à l'étranger. On se demandait si les États-Unis étaient très différents du Canada.

Théo a grimpé sur la banquette arrière et j'ai attendu, debout, qu'il s'écarte pour me laisser m'asseoir.

– Pousse-toi !

– C'est ma place, a-t-il rétorqué. Tu n'as qu'à faire le tour.

J'ai contourné la voiture avec un soupir maussade pour monter par l'autre portière. Même si j'avais vu son visage des millions de fois, Théo préférait me dissimuler son vilain côté. Il s'imaginait peut-être me tromper, me faire croire qu'il était entièrement normal.

Consciencieux, nous avions rangé nos cahiers près de nous à l'arrière de la voiture. On avait aussi emporté toute une cargaison de jeux. Les bagages chargés, le pique-nique emballé, nous sommes partis. Hélas ! la voiture n'avait pas parcouru la moitié du chemin menant à la route que le moteur a rendu l'âme.

Nous avons attendu patiemment à l'arrière pendant qu'oncle John soulevait le capot et bricolait le moteur. Notre patience a été mise à rude épreuve lorsqu'il a essayé des dizaines de fois de le faire redémarrer. À la fin, il a repoussé son chapeau sur sa nuque, ôté son manteau, relevé les manches et nous a ordonné de sortir. Il pensait savoir d'où venait la panne, mais il devait confier la voiture au mécanicien de la rue principale pour qu'il la répare. Oncle John a donc remorqué la Chevrolet avec son tracteur tandis que tante Lydia la guidait, assise derrière le volant.

Nous étions dépités, bien sûr. Tel que c'était parti, on serait encore là à l'heure du déjeuner et on mangerait notre pique-nique dans la cuisine. Mais il faisait beau, c'était déjà ça. Théo m'a prêté sa vieille bicyclette et il a sorti son vélo flambant neuf.

L'air était vif, surtout quand les nuages passaient devant le soleil. J'ai enfourché le vélo, retroussé ma jupe kilt pour la coincer entre la selle et mon derrière afin d'être libre de mes mouvements, puis nous sommes partis sur le chemin de terre qui contournait le lac. J'ai foncé devant.

– Attends-moi ! a crié Théo. Où on va ?

Je le savais, mais je ne voulais pas le lui dire.

Nous avons longé la berge du lac en un éclair. J'ai freiné et posé un pied à terre en apercevant la maison de pierres. Théo s'est arrêté derrière moi.

– Qu'est-ce que tu fabriques ? Tu n'as pas le droit de venir ici, je te rappelle.

– Je sais. Et je n'y reviendrai plus jamais. Mais avant, je veux tirer une chose au clair.

– Quoi ?

– Tu ne pourrais pas comprendre.

Nous avons franchi le portail en poussant nos bicyclettes, aux aguets, craignant d'être pris d'assaut par cette folle de Lucie. Il n'y avait personne dans les parages. Un mince filet de fumée s'élevait de la cheminée. Des rondins gisaient en tas près de la porte de la cuisine, en attendant d'être débités et rangés. Une hache plantée dans un billot semblait inviter les visiteurs à rebrousser chemin. Théo a forcé sur le manche pour la libérer.

– Viens, lui ai-je lancé. Entre avec moi.

– Certainement pas ! a-t-il répliqué, boudeur. Si tu veux que je t'accompagne, tu n'as qu'à me dire ce que tu es venue faire ici.

Il a balancé la hache sur le rondin de toutes ses forces.

J'ai envisagé un instant de me confier à lui, mais j'y ai renoncé. Il poserait trop de questions.

J'avais beau avoir enfilé deux pulls, une veste et des chaussettes hautes, je claquais des dents. J'ai fixé la maison, les bras croisés et les poings pressés contre ma bouche. Mes articulations gercées par le vent me faisaient mal. Je me suis avancée vers la porte dissimulée dans l'ombre des avant-toits et j'ai frappé timidement. Puis plus fort.

La porte s'est ouverte en grinçant, juste assez pour me laisser apercevoir un œil. Puis on me l'a claquée au nez. Derrière le battant, j'ai entendu Lucie la folle crier des mots sans queue ni tête. Je me suis tournée vers Théo, qui tentait toujours de fendre un rondin. Il a abattu la hache, mais son coup oblique n'a produit qu'un fin copeau. Il a juré et fait une nouvelle tentative.

Soudain, la porte s'est ouverte à la volée sur le visage informe de Lucie :

– Petit cochon, petit cochon, laisse-moi entrer ! a-t-elle claironné.

Puis, baissant la voix :

– Non, non, par les poils de mon petit menton.

– Lucie ? a fait la voix de grand-tante Agnès.

– Tu n'entreras pas !

– Lucie ! a répété Agnès sur le ton du commandement.

Comme en réponse, l'intéressée s'est jetée sur moi. Sans me laisser le temps de réagir, elle m'a serrée contre elle et m'a entraînée dans la cuisine. Elle m'étouffait avec ses longs cheveux.

Agnès s'est précipitée pour me libérer. Elle a cajolé Lucie, puis tenté de la soudoyer afin qu'elle desserre son étreinte. Lucie a fini par me lâcher contre la promesse d'un crayon neuf. Elle est allée s'asseoir à la table en claudiquant. Une minute plus tard, le visage à quelques centimètres d'une feuille de papier, elle paraissait m'avoir complètement oubliée.

– Tiens, tiens…, a fait Agnès. La fille d'Adèle… On prend goût à courir la campagne, je vois. J'ai du thé au chaud, si ça te dit.

Essoufflée, j'ai secoué la tête et gratté ma langue pour la débarrasser des cheveux malodorants de Lucie. J'aurais préféré rester près de la porte, mais je me suis rappelé ma dernière visite et la force étonnante d'Agnès. Je l'ai donc laissé me conduire jusqu'à la table. Assise très droite, j'ai reculé ma chaise centimètre par centimètre pour l'éloigner le plus possible de Lucie. Je me demandais par où commencer.

– Ta mère va bien ? m'a interrogé Agnès.

Toujours absorbée par son crayon, Lucie n'a pas bronché.

– Oui.

– Tes sœurs aussi ?

J'ai hoché la tête et décidé d'aller droit au but :

– Est-ce que… vous croyez que grand-tante Aglaë n'avait… n'avait pas toute sa tête quand je suis venue, la dernière fois ?

– Au contraire. Elle était plus lucide qu'elle ne l'avait été depuis longtemps.

J'ai fait une nouvelle tentative :

– Et… euh… pourquoi m'a-t-elle dit que j'étais l'élue ? N'importe laquelle de mes sœurs pourrait être… euh… comme notre arrière-grand-mère ? Pourquoi moi ?

– À cause de ta position dans la famille, bien sûr ! Ta mère était la septième fille de sa mère, et tu es toi-même sa septième fille. Voilà pourquoi, mon poussin. Septième fille d'une septième fille, c'est comme ça que ça marche. Tu ne peux rien y changer.

– Eh bien, Aglaë s'est trompée !

J'avais parlé d'une voix polie, très sûre de moi.

– Ah oui ?

– Oui.

Toujours très polie, j'ai expliqué :

– Je ne suis pas une septième fille.

– Si.

Un énorme roulement de tambour a résonné dans ma tête. J'ai scruté le visage carré de la vieille femme. Elle me faisait marcher, c'était évident. Elle m'a rendu mon regard, un œil mi-clos.

– Excusez-moi, ai-je enchaîné d'une voix glaciale, mais je crois que vous faites erreur. Je n'ai que cinq sœurs. Je suis la sixième.

– Non, ma chère, tu as six sœurs ; tu es la septième.

Mes joues ont commencé à me brûler. Jamais encore un adulte ne m'avait menti aussi effrontément. La consternation me laissait bouche bée. J'avais envie de fondre en larmes et de hurler : « Retirez ce que vous venez de dire. C'est injuste. Je ne suis qu'une enfant. »

– C'est un mensonge ! ai-je dit.

Puisqu'elle était odieuse, je pouvais être grossière :

– Je sais combien j'ai de sœurs, j'imagine !

Agnès s'est assise. Elle a croisé les doigts et m'a regardée avec sympathie. Son ample poitrine se soulevait au rythme de sa respiration. Lucie, toujours penchée sur son dessin, nous ignorait totalement.

– Je ne voulais pas t'inquiéter, m'a dit Agnès. Il n'y a vraiment pas de quoi se mettre dans tous ses états.

– Pourquoi vous prétendez que j'ai six sœurs ?

– Mieux vaut regarder la vérité sous plusieurs angles. Ou alors, pas du tout.

J'ai froncé les sourcils. Je ne comprenais pas un mot de ce qu'elle disait. J'ai lorgné vers le dessin de Lucie, mais je n'ai rien distingué. Elle tenait son crayon maladroitement et semblait griffer le papier. Qu'importe, ce ne serait sans doute pas une œuvre d'art, venant de quelqu'un comme elle. D'une folle. J'étais chez les folles.

– Je dois partir ! ai-je annoncé. Je voulais juste vous dire que notre famille ne croit pas à la voyance, ni à aucune de ces sottises.

Pour toute réponse, Agnès a soupiré et haussé les épaules. « Je lui ai cloué le bec », ai-je songé en me levant.

Je me sentais soudain plus légère, comme libérée. J'avais mis les choses au clair une bonne fois pour toutes.

– Lucie, a dit Agnès, montre-nous ton dessin avant que la petite s'en aille.

Lucie a grogné et continué de griffonner. J'ai attendu, curieuse d'y jeter un coup d'œil, pour rire.

Peu après, Lucie a fait glisser sa feuille vers Agnès et s'est appuyée sur les coudes, les yeux dans le vague. Agnès a coulé un regard oblique sur le papier avant de me le passer. Je me suis rassise, ébahie, en découvrant un portrait de moi très ressemblant. Lucie m'avait représentée en train de fixer une porte entrouverte, l'air effrayé. C'était un dessin d'une précision quasi photographique.

– Comment… ? Comment a-t-elle fait ça ?

Stupéfaite, j'ai fixé le dos de Lucie.

– Comment se fait-il qu'elle soit aussi… douée ?

– Elle a toujours eu du talent. Et elle a assez de dessins pour ouvrir une galerie d'art.

Puis, à l'intéressée :

– Lucie, c'est le portrait de qui ?

Lucie a émis un petit rire étranglé.

– De qui ? a répété Agnès. Dis-le-nous.

– Petit cochon, a fait Lucie d'une voix nasillarde.

– Qui ? a insisté Agnès.

– Petit cochon, s'est esclaffée Lucie. Petit cochon. Petite sœur.

Perchée au bord d'une chaise, le dos raide comme une planche, les yeux écarquillés par la stupeur, j'ai regardé la folle se balancer d'avant en arrière en se tapotant la bouche. Ma peau couverte de sueur me picotait. Des larmes me sont montées aux yeux. J'aurais voulu crier « Non », mais j'avais la bouche trop sèche.

Agnès a tendu une main pour prendre la mienne. J'ai esquivé son geste.

– Ce n'est pas vrai, ai-je réussi à chuchoter. Comment est-ce possible ?

– Ce sont des choses qui arrivent, a dit Agnès. Ça arrive, tout simplement. Ta mère a essayé de s'occuper d'elle, mais elle n'en avait pas la force, ou pas le courage. Puis d'autres bébés sont arrivés, et... Aglaë et moi, on n'avait personne, alors on a proposé de la prendre avec nous. De lui donner une maison, de veiller sur elle...

Elle a levé les paumes vers le ciel :

– On a fait ce qu'on a pu. Je ne sais pas ce qu'elle deviendra quand je m'en irai. Il faudra qu'Adèle cherche une solution.

J'ai retrouvé peu à peu le fil de mes pensées et une voix normale :

– Mes sœurs sont au courant ?

– Je ne crois pas qu'Adèle leur en ait parlé. Mais elle devra le faire tôt ou tard. Il va falloir trouver un arrangement. Je vieillis. Adèle aussi. Vous pourriez avoir à vous occuper de votre sœur, un de ces jours.

J'ai frissonné. Jamais je ne pourrais considérer cette créature ignoble et débraillée, cette espèce d'animal, comme ma sœur.

Et soudain, j'ai senti que je ne pouvais pas rester là une seconde de plus. Je voulais m'enfuir le plus loin possible de cet être grotesque. Je me suis levée précipitamment, renversant ma chaise au passage.

Lucie s'est retrouvée à côté de moi en un éclair. Elle m'a tendu le dessin, l'a plaqué contre ma poitrine. J'ai reculé en criant :

– Je n'en veux pas !

– Prends ! a grondé Lucie en levant une main menaçante, comme si elle voulait me gifler.

J'ai accepté le dessin en gémissant et battu en retraite jusqu'à la porte. Agnès a posé une main sur l'épaule de Lucie pour la retenir avant de l'entraîner vers la table. J'en ai profité pour filer.

Mon cousin s'acharnait toujours à fendre une bûche dans la cour. J'ai plié et replié le dessin de Lucie, jusqu'à ce qu'il ne forme plus qu'une boulette que j'ai glissée dans la manche de mon pull.

– Viens, Théo ! ai-je crié en récupérant mon vélo. On y va !

– Attends, je veux empiler le bois, a-t-il protesté.

– Impossible !

J'ai dévalé le chemin sans l'attendre pour m'éloigner de la maison de pierres. En pédalant avec frénésie, je ressassais ces pensées obsédantes : « Je suis une septième fille. Qu'est-ce que je vais devenir ? » À moins que ce ne soit un mensonge. Mais c'était la vérité, bien sûr. Lucie, toute monstrueuse qu'elle était, avait certains traits en commun avec nous : les sourcils droits de ma mère et de Marietta. Les pommettes hautes de Béatrice. Le nez retroussé de Vanessa. Et pourtant, c'était impensable. Pire qu'un cauchemar, parce que je n'allais pas me réveiller et m'apercevoir que j'avais rêvé.

Ma tête était prête à exploser tant elle était pleine de questions : « Étais-je une sorcière ? Étais-je capable de prévoir l'avenir ? De jeter des sorts aux gens ? Devais-je croire les racontars de cette vieille femme ? Comment en avoir le cœur net ? »

Je me suis arrêtée au milieu d'un raidillon, en nage, haletante, toujours occupée à me disputer avec moi-même : « Tu n'es pas obligée de croire les balivernes de cette sorcière. Si ça se trouve, elle a tout inventé. »

Épuisée, je suis descendue de vélo et j'ai décidé de gravir la côte à pied. Ce faisant, j'ai commencé à réfléchir autrement : « Et si c'était vrai ? Je pourrais peut-être dire la bonne aventure ? Ce serait amusant, surtout à l'école. Je prédirais les notes de mes camarades, les présents qu'ils recevraient à Noël ou pour leur anniversaire. Je saurais à l'avance qui jouerait quel rôle dans le spectacle de l'école… »

Je me suis concentrée un long moment pour tenter de deviner le titre de la future pièce de théâtre, sans résultat. Au sommet de la colline, je suis remontée en selle et j'ai dévalé l'autre versant en roue libre.

8

Notre voyage aux États-Unis ne m'a laissé quasiment aucun souvenir. Théo n'arrêtait pas de se plaindre que je n'étais pas drôle, que je boudais tout le temps. Je ne boudais pas : j'essayais de lire dans l'avenir, mais ça ne marchait pas. En revanche, je me rappelle ma déception en découvrant la campagne. Le paysage était presque le même que chez nous. La sœur d'oncle John, qui souffrait d'un zona, nous ressemblait elle aussi. Sauf qu'elle était fatiguée, et que son visage était couvert de taches. Elle avait juste une façon un peu différente de parler : elle prononçait à peine les voyelles et utilisait beaucoup de mots d'argot. Elle nous a dit qu'elle était ravie de nous voir, et les Merrick lui ont assuré qu'ils étaient contents, eux aussi. Leur joie me laissait indifférente. Tout ce qui m'intéressait, c'était de savoir si je possédais encore mon sixième sens aux États-Unis.

Apparemment non. Peut-être qu'il fonctionnait sur ondes courtes.

De retour au Canada, il m'a semblé que je sentais mieux les choses. J'ai annoncé à oncle John :

– Il va pleuvoir.

– Ouaip ! C'est bien possible. Ces nuages ne me disent rien qui vaille.

– Non : je sais qu'il va pleuvoir.

– Ça sent la pluie, a-t-il admis.

Un quart d'heure plus tard, un soleil radieux perçait les nuages.

« Eh bien voilà, c'est réglé », ai-je pensé en souriant. Tout ceci n'était qu'un mensonge. Je ne pouvais pas plus prévoir l'avenir que lire l'étiquette sur l'encolure de mon pull.

« Pure laine vierge. Taille M enfant. »

– Hein ? me suis-je étranglée.

Était-ce la véritable inscription ? Dans ce cas, j'étais peut-être extralucide, finalement. Cela dit, j'avais dû lire cette étiquette des dizaines de fois en retirant mon pull, ou en le remettant à l'endroit pour l'enfiler.

– Théo, tu peux regarder l'étiquette de mon pull et me dire ce qui est écrit dessus ?

– Pourquoi ?

– Fais-le, c'est tout.

Il a tiré sur le col de mon pull, au risque de m'étrangler.

– Pu-re lai-ne vi-er-ge, taille M enfant, a-t-il lu.

J'ai hoché la tête, satisfaite. « Ça se peut », ai-je pensé en souriant. Je voyais déjà mes camarades, à l'école, faire cercle autour de moi, fascinées par mon pouvoir magique.

Les Merrick m'ont ramenée directement chez moi. Ils sont entrés pour raconter notre voyage à Adèle, qui les a invités à dîner. J'ai tenté de deviner ce qu'elle avait prévu pour le repas. « Du poulet rôti. » Ça tombait bien, c'était mon plat préféré.

J'ai proposé à Théo de sortir jouer au ballon.

– Tu veux parier ce qu'il y aura au souper ?

– Un pain de viande et des pommes de terre au four, a-t-il répondu du tac au tac.

– Non. Du poulet rôti.

– Non. Du pain de viande.

– Tu dis n'importe quoi. C'est du poulet rôti.

– Je te parie cinq cents.

– Tope là !

Les adultes nous ont bientôt appelés à table. Après s'être lavé les mains, on s'est assis devant un énorme pain de viande, un plat plein de pommes de terre au four et une cuillère de petits pois en conserve, tout pâles. J'ai tendu cinq cents à Théo avec un soupir mécontent.

– Comment tu as deviné pour le pain de viande ? l'ai-je interrogé plus tard.

« Est-ce qu'il est capable de court-circuiter mon don de voyance ? me demandais-je. Ce serait vraiment injuste. »

– J'ai regardé dans le four.

Le lundi, à l'école, j'ai attendu en vain une occasion de mettre mon talent à l'épreuve. La rumeur courait que la police avait trouvé des affaires appartenant à Rachel Wirt. Effectivement, quelques jours plus tard, un policier est venu dans notre classe nous interroger :

– Quelqu'un reconnaît-il cette veste ?

Presque toutes les filles ont levé la main, et même plusieurs garçons.

– Elle est à Rachel, a dit Carole Anne Hagen.

Tout le monde a hoché la tête.

Je me suis abstenue. Pour moi, la veste appartenait à Vanessa. En tout cas, ma sœur avait la même.

La police avait également trouvé une couverture, des bougies et un cahier. En fait, Rachel avait une cachette : un vieux wagon de marchandises en bois, sorti des rails et stationné derrière la consigne des bagages, à la gare. Le policier nous a demandé si nous connaissions cet endroit.

Carole Anne et deux autres filles ont levé le doigt.

– C'est là qu'elle se cachait pour échapper à son père, a dit Carole Anne. Elle a été assassinée, n'est-ce pas ?

Le policier n'a pas répondu, mais à voir son expression, il en était convaincu. Après son départ, tout le monde s'est mis à parler en même temps. Pour une fois, Mlle Boyle n'a pas réclamé le silence. Les filles les plus âgées se lamentaient :

– J'étais sûre que ça finirait par arriver.

– Je n'en reviens pas que son propre père l'ait tuée.

– Moi, ça ne m'étonne pas. Je savais qu'elle n'avait pas fugué.

– J'avais tout deviné depuis le début.

Quand elles ont enfin cessé de chanter les louanges de leur camarade et de dire quel monstre était son père, j'ai annoncé d'une voix calme :

– Rachel n'est pas morte.

Un silence a accueilli mes paroles. Puis un concert de voix s'est élevé pour me dire que j'étais idiote, que je n'en savais rien, que je devrais réfléchir avant de parler, que j'étais peut-être complice de la disparition de Rachel : après tout, on ne s'était jamais bien entendues, toutes les deux.

À la maison, Camille et Jeanne m'ont rapporté une rumeur : le père de Rachel, soupçonné de meurtre, allait être arrêté. Les policiers auraient retrouvé le journal intime de notre camarade.

– Elle avait peur que son père la tue, a claironné Camille. Elle l'a écrit dans son journal.

– Mais il ne l'a pas tuée, ai-je protesté.

– Alors, qui est le coupable ?

– Personne. Elle n'est pas morte.

Camille a secoué la tête d'un air entendu. Jeanne m'a tapoté l'épaule :

– Ce n'est pas grave. Chacun a le droit d'avoir ses opinions.

Une semaine plus tard, le journal annonçait que la police avait trouvé des traces de sang dans le wagon désaffecté. Ils avaient arrêté M. Wirt, soupçonné d'avoir assassiné sa fille. À l'école, Carole Anne m'a dit :

– Alors, Microbe, tu fais moins la maline ! Tu nous crois, maintenant ?

Je me suis contentée de hausser les épaules.

Et voilà : en fin de compte, je n'étais pas extralucide. J'aurais dû être soulagée. Au fond je crois que je l'étais. Seulement, quelque chose me chiffonnait et je n'arrivais pas à mettre le doigt dessus.

Après l'école, je suis rentrée directement à la maison. Il bruinait, pourtant, je ne suis pas allée me mettre à l'abri. J'ai contourné la maison et traversé le jardin avant de me faufiler par la brèche dans la palissade, pour pénétrer dans le petit bois derrière chez nous. J'ai cherché en vain l'arbre où j'avais caché la barrette. J'aurais poursuivi mes recherches s'il ne s'était pas mis à tomber des cordes.

J'étais déconcertée.

Le lendemain, c'était devenu une idée fixe. Si j'avais ce fameux don, pourquoi ne fonctionnait-il pas en permanence ? J'aurais dû être capable de deviner les notes sur les devoirs que Mlle Boyle nous rendait. Ce n'était pas le cas. Je ne savais plus à quoi m'en tenir. Pour me distraire, je m'exerçais à ne penser à rien.

Et soudain, il s'est passé quelque chose.

– Mes chers enfants, j'ai une surprise pour vous ! nous a annoncé Mlle Boyle le vendredi après-midi.

Je l'ai fixée intensément, sans réussir à deviner en quoi consistait cette surprise.

– Certains de vous auront peut-être la chance d'exposer leurs œuvres à l'hôtel de ville ! Le maire organise un concours de dessin. Les trois meilleurs gagneront cinq dollars et le premier recevra en plus une médaille. Sortez vos blocs et mettez-vous au travail.

Je me suis assise devant une feuille blanche, un crayon serré entre mes doigts. J'avais décidé ce que je voulais dessiner, mais je ne savais pas par où commencer. Je ne voulais pas faire une de mes caricatures habituelles, un personnage monstrueux de plus... Je voulais représenter une scène d'une si grande beauté que le maire en serait émerveillé. J'ai commencé par dessiner de l'herbe en bas à droite de la page : quelques touffes, des brins esseulés, des cailloux enfouis dans la terre, une tête gisant sur le sol… Oups ! Non ! Ce n'était pas du tout ce que j'avais prévu. J'ai gommé la tête à la hâte et abandonné l'herbe pour dessiner un arbre : un gros tronc oblique, des branches massives, des feuilles toutes neuves. C'était notre arbre d'escalade, celui qui poussait dans la forêt derrière chez nous.

– Très joli, a dit Mlle Boyle en passant près de ma table.

Sensible au compliment, je lui ai fait un gentil sourire. Elle me félicitait si rarement.

Sans le vouloir, je m'étais remise à dessiner des cailloux sous l'arbre, et une personne allongée dessus. J'ai voulu gommer la silhouette, mais son contour refusait de s'effacer. C'était trop bête ! J'étais tellement habituée à dessiner des gens que ma main les traçait automatiquement. C'était même un peu effrayant, quand j'y pensais. De guerre lasse, j'ai sorti mes pinceaux et camouflé la forme allongée sous de délicates rayures vertes et jaunes – des brins d'herbe. Puis j'ai attaqué le feuillage vert pâle de l'arbre. Mon regard s'est arrêté sur le bord déchiqueté d'une branche cassée. « J'aurais dû commencer par le ciel », ai-je réfléchi en m'efforçant de colorier l'arrière-plan en bleu. Et soudain, je me suis exclamée tout haut :

– Mais attends… Il n'y a pas de branche cassée !

– On travaille en silence ! a rappelé Mlle Boyle.

Je me suis rendu compte que je détestais mon dessin. Décidément, je n'étais pas douée pour les paysages ! J'ai chiffonné ma feuille et je suis allée la jeter dans la corbeille à papier métallique, à l'entrée de la classe.

– Il ne te reste plus que dix minutes, Juliette. Dépêche-toi de recommencer si tu veux participer au concours.

Je n'étais pas sûre de vouloir y participer. J'ai pris une nouvelle feuille et dessiné un œil au centre. Au même instant, j'ai senti venir une migraine. Autour de l'œil, j'ai tracé un cercle, puis un autre plus grand. Finalement, en déplaçant mon crayon de plus en plus vite, j'ai rempli la feuille de cercles gris-noir. Ma tête m'élançait.

Mlle Boyle avait commencé à ramasser les dessins. Elle allait bientôt en montrer quelques-uns à la classe avec ses commentaires habituels : « Une jolie maison », ou « Un cheval assez réussi », ou « Une Jeep de l'armée, quelle bonne idée ! ». En découvrant le mien, elle s'est étranglée : « Qu'est-ce qui t'a pris de faire ce gribouillage de bébé ? » Elle ne l'a pas montré aux autres. Pétrifiée, je suis restée immobile comme une statue, tandis que ma tête menaçait d'éclater en mille morceaux.

Après la classe, je suis rentrée à la maison en marchant seule, comme d'habitude. Carole Anne et deux autres filles ont crié dans mon dos : « Hé, Gribouille, tu crois que tu vas gagner la médaille ? » Oubliant ma migraine, je me suis mise à courir. Savoir qui gagnerait le concours était vraiment le dernier de mes soucis.

Le samedi, le soleil brillait et l'air était doux. Marietta et Vanessa étaient rentrées pour le week-end. Après le déjeuner, les jumelles, prises d'une fièvre printanière, ont voulu absolument aller dans le bois. Elles étaient curieuses de voir ce qu'il restait de notre terrain de jeu préféré après l'hiver.

– Tu nous accompagnes, Juliette ? m'a crié Marietta depuis l'escalier.

J'ai posé le cahier dans lequel je dessinais depuis que j'avais terminé mon dernier rouleau de papier peint. Je n'avais encore rien fait de spécial dedans : juste quelques gribouillages en promenant la pointe de mon pinceau sur la page comme un essuie-glace.

Je n'étais pas dans mon assiette. J'avais une migraine tenace et le ventre lourd depuis le matin. Une promenade au grand air me ferait sans doute du bien.

J'ai suivi mes sœurs dans le jardin. L'herbe, d'un vert vif aux endroits ensoleillés, avait gardé sa pâleur hivernale sous les arbres. Vanessa, qui courait devant, s'est engouffrée la première par la brèche dans la clôture. Les autres se sont faufilées derrière elle avant de disparaître dans le sous-bois. Je me suis arrêtée, oppressée, la respiration sifflante. La sueur qui coulait sur mon front me piquait les yeux. Une pensée m'a traversée :

« On ne devrait pas aller là-bas. Il faut que je les prévienne. »

Je me suis glissée par l'ouverture. Mes sœurs, déjà loin, riaient à gorge déployée d'une plaisanterie de Vanessa.

– Dépêche-toi ! m'a crié Marietta.

J'ai inspiré profondément.

« C'est ridicule, ai-je réfléchi. On a fait ça toute notre vie. »

On adorait depuis toujours aller dans ce petit bois, même si Adèle nous menaçait régulièrement de le vendre. « C'est marécageux au printemps, infesté de moustiques en été et traître en hiver, disait-elle. Ce terrain ne sert à rien ! » Par chance, elle ne s'était jamais résolue à avoir des voisins aussi proches.

Lorsque j'ai atteint l'étang, je me sentais déjà mieux. Du moins, je m'en étais convaincue. Marietta, Vanessa et moi avions appris à nager dans ce petit plan d'eau alimenté par un ruisseau, tandis que Béatrice et les jumelles, incapables de faire une brasse, nous surveillaient depuis le bord. Les jumelles seraient allées chercher du secours à la maison si l'une de nous s'était noyée. Quant à Béa, apparemment, son rôle se limitait à rester là, à nous regarder.

J'ai rejoint mes sœurs au pied de notre arbre : un vieil érable déformé que nous appelions tour à tour « l'avion », « le château » ou « l'éléphant ». Les filles n'avaient plus l'âge de grimper aux arbres. Pourtant, son tronc en pente douce, large et noueux, invitait à l'escalader. Il formait une rampe permettant d'accéder sans difficulté aux branches qui rayonnaient autour, telles les ailes d'un avion ou les contreforts d'un château.

Marietta surtout aimait retomber en enfance lorsqu'elle venait à la maison.

– Venez, on monte ! nous a-t-elle lancé.

Elle a commencé à grimper sur le tronc, se tenant aux branches pour s'équilibrer. Clouée au sol, je me suis forcée à sourire, luttant contre un accès de vertige. Les jumelles ont suivi Marietta en s'aidant mutuellement. Un instant plus tard, elles étaient assises dans le cockpit de l'avion. Marietta était encore plus haut. Perchée dans la nacelle, sur le dos de l'éléphant, elle embrassait son empire du regard. Il restait une place dans le château pour Vanessa, mais aucune pour moi.

– Venez ! nous a crié Marietta. On tient à deux sur le dos de l'éléphant.

Elle avait raison, mais je n'ai pas bronché. En revanche, Vanessa s'est décidée. Elle a parcouru les premiers mètres en rampant, puis elle s'est suspendue à une branche, le temps de chercher un appui pour son pied.

– Quelqu'un va tomber ! ai-je crié.

J'en étais sûre à présent. En fait, je crois que je le savais depuis la veille, à l'école, quand j'avais fait ce dessin étrange. J'aurais dû avertir mes sœurs, les empêcher de venir jusqu'ici. Vanessa allait tomber !

– Allez, Juliette, espèce de poule mouillée ! m'a-t-elle crié, tandis que les jumelles l'encourageaient à monter encore plus haut.

J'ai hurlé :

– Arrête, Vanessa ! Tu vas tomber !

Un brusque courant d'air. La panique. Le flou des branches. Un hurlement de douleur. Et soudain, le noir.

Vanessa a trouvé un appui et déplacé le poids de son corps en direction des branches voisines. S'emparant de la plus solide, elle m'a regardée :

– Arrête de t'inquiéter.

J'ai vu Marietta regarder en bas, mal à l'aise :

– Tout va bien, Juliette. Monte !

Toujours en proie au vertige, j'ai fait volte-face. Je ne supportais plus de les regarder. J'ai filé comme le vent dans le sous-bois, me frayant un passage entre les branches griffues des framboisiers sauvages. J'ai trébuché sur les racines d'un cèdre et un jeune peuplier m'a giflée au passage. J'ai à peine ralenti pour franchir la palissade, avant de foncer vers la maison. La porte de la cuisine a claqué derrière moi.

Quelques minutes plus tard, elle s'est rouverte. Marietta est entrée en trombe dans la pièce :

– Vanessa est tombée de l'arbre. J'appelle une ambulance !

Adèle est arrivée en courant.

– Une ambulance. Oh, Seigneur ! Comment va-t-elle ?

Les heures passaient. Notre mère et Marietta étaient toujours à l'hôpital avec Vanessa. Le dos voûté, les jumelles et moi arpentions le rez-de-chaussée de la maison, du salon à la cuisine et de la cuisine au salon...

– Comment as-tu deviné qu'elle allait tomber ? m'a demandé Camille.

J'ai haussé les épaules.

– Tu le savais, a-t-elle insisté. Comment ça se fait ?

– Je ne sais pas comment je l'ai su. Je le savais, c'est tout.

Cette réponse ne me satisfaisait pas. Camille non plus. Elle ne m'a pas lâchée, convaincue que j'avais vu quelque chose, remarqué un détail la dernière fois que j'étais montée à l'arbre...

Jeanne a fini par prendre ma défense :

– Arrête, Camille. Juliette te dit la vérité. Il y a des fois où on ne sait pas, c'est tout.

Je lui étais reconnaissante pour son soutien, mais ça ne changeait rien au fond du problème. Je suis allée me réfugier dans ma chambre pour réfléchir. Je devinais que j'avais eu une prémonition. Cependant, elle m'avait paru si vague… Je l'avais comprise trop tard. Je n'y avais pas suffisamment prêté attention. C'était ma faute si Vanessa était tombée. J'aurais dû lui barrer le passage, me battre avec elle, m'asseoir sur elle… ou au moins tenter de la rattraper quand elle était tombée. Au lieu de cela, je m'étais enfuie. Comme une lâche.

Jeanne a téléphoné à Béatrice pour lui raconter ce qui s'était passé. Béa s'est demandé si elle devrait rentrer à la maison. Voyager n'était pas recommandé, dans son état. Jeanne n'a pas su trancher. « Maman t'appellera », lui a-t-elle dit.

Le lundi, la mort dans l'âme, Marietta a repris le train pour rejoindre l'hôpital où elle était interne. De toute manière, comme Vanessa était dans le coma, elle ne pouvait pas faire grand-chose. Ni elle ni personne, d'ailleurs. Les trois semaines suivantes, Adèle a quasiment vécu à l'hôpital. Elle partait tristement le matin pour revenir à l'heure du dîner. Son visage, figé comme un masque, n'exprimait aucun sentiment.

Au début, j'allais voir Vanessa tous les jours après l'école. On me laissait entrer dans sa chambre austère pour la regarder, couchée sur son lit d'hôpital, les barrières relevées, un tube dans son bras relié à une bouteille de liquide. Son autre bras était plâtré. Elle avait les yeux fermés. « Elle est juste endormie », me disais-je. Mais elle avait l'air morte.

Adèle était toujours là en même temps que moi. Un jour pourtant, environ une semaine après l'accident, elle a quitté la chambre quelques minutes. Pendant son absence, j'ai touché les doigts de Vanessa, repliés mollement sur le bord de son plâtre, et j'ai chuchoté :

– Je t'en prie, Vanessa, ne meurs pas. S'il te plaît, réveille-toi. C'est de ma faute. Je suis désolée. Je suis tellement désolée...

Il y avait probablement autre chose à dire pour la réveiller, mais je manquais d'inspiration. Je me suis donc contentée de répéter : « Je suis désolée. »

À la maison, nous avons repris peu à peu le fil de nos vies. Personne ne souriait. On parlait à peine, faute de sujets de conversation. Béa est finalement venue en train, pour passer une semaine à la maison. Marietta accourait chaque fois qu'elle le pouvait.

Quand je n'étais ni à l'école ni à l'hôpital, je me réfugiais dans ma chambre où je dessinais rageusement des personnages morbides : des monstres, des démons aux griffes sanglantes, des créatures tourmentées brûlant dans les feux de l'enfer. J'avais envie de m'enfoncer quelque chose de coupant dans la peau, sans toutefois m'y résoudre.

Adèle a téléphoné à l'école de secrétariat de Vanessa pour leur expliquer la situation. Puis elle a appelé la pension où logeaient de nombreuses filles de notre ville. Après cela, notre téléphone s'est mis à sonner sans arrêt. Tous les amis de Vanessa prenaient de ses nouvelles.

J'étais à l'hôpital avec Adèle quand un spécialiste à la mine grave est sorti de la chambre de Vanessa en secouant la tête. La nuit suivante, j'ai pleuré toutes les larmes de mon corps. Adèle est venue s'asseoir au bord de mon lit et m'a pris la main :

– Ce qui doit arriver arrivera, Juliette, il faut que tu le saches.

Elle a plongé ses yeux dans les miens.

– C'était un accident. Je ne vois pas pourquoi tu continues à te le reprocher.

Ne comprenait-elle vraiment pas ? Comment pouvait-elle ignorer ce que les vieilles tantes racontaient au sujet de sa grand-mère ? Cette histoire me concernait directement.

Et si moi aussi, je pouvais décider de voir seulement ce que je souhaitais voir ? Croire ce que je voulais croire. Que ce soit possible ou pas, une chose était sûre : je devais agir.

Les arbres bourgeonnaient, certains avaient même de minuscules feuilles. Pâques approchait à grands pas. Un jour, en classe, je m'arrachais les cheveux sur un problème d'arithmétique quand j'ai cru entendre un petit soupir, un chuchotement. Comme si quelqu'un, derrière moi, avait dit « ça va », ou « tout va bien ». Ou alors, j'avais rêvé... Je me suis retournée en pensant à Rachel, mais bien entendu, sa place était vide. Après cela, je me suis sentie libérée d'un poids, j'avais l'esprit léger. J'étais pressée de rentrer à la maison.

Ce soir-là, en rentrant de l'hôpital, Adèle s'est assise sans mot dire à la table de la salle à manger. Les jumelles ont apporté le ragoût qu'elle avait préparé le matin et Camille lui a servi une assiette. Notre mère l'a vaguement regardée avant de la repousser. Puis, les coudes sur la table, elle a caché son visage dans ses mains et éclaté en sanglots.

Mon cœur s'est mis à cogner dans ma poitrine. Les poils de mes bras se sont hérissés. Moi qui étais persuadée que Vanessa allait mieux, que j'avais eu une prémonition... Je m'étais trompée, une fois de plus. Je ne pouvais vraiment me fier à rien.

– Maman ? ai-je gémi en tirant sur sa main. Est-ce que Vanessa va plus mal ?

Adèle a levé les yeux et nous a regardées. Son visage était bouffi et trempé de larmes.

– Ils disent qu'elle va s'en sortir. Excusez-moi, je ne peux pas m'empêcher de pleurer. J'ai retenu mes larmes si longtemps...

9

Vanessa est enfin rentrée à la maison. Elle avait repris connaissance, mais elle était encore distraite et fatiguée, comme si elle revenait d'un long et pénible voyage. Sa tête n'était plus bandée ; en revanche, elle avait encore un bras dans le plâtre. Elle ne se rappelait pas qu'elle était tombée de l'arbre. Je m'installais près d'elle tous les après-midi, en rentrant de l'école. Je lui faisais la lecture à haute voix, ou bien je restais assise en silence, serrant et desserrant les mains tandis qu'elle regardait par la fenêtre.

– J'ai essayé de te prévenir, ai-je fini par lâcher, n'y tenant plus.

– Mmm, a-t-elle fait, l'air lointain.

J'ai répété ma phrase en ajoutant :

– Tu n'as pas voulu m'écouter. J'aurais peut-être dû insister... faire quelque chose pour te convaincre.

– Je ne m'en souviens pas. Je crois que je suis tombée.

– Je savais que tu allais tomber. J'aurais peut-être pu t'en empêcher.

Elle me regardait enfin, captivée. Adèle est entrée dans la chambre et lui a posé une main sur le front.

– Juliette savait que j'allais tomber, lui a dit Vanessa.

Puis, à mon intention :

– Tu avais remarqué une branche pourrie ?

– Non, je le savais, c'est tout.

J'ai baissé les yeux.

– Viens maintenant, Juliette, m'a lancé Adèle. Laissons ta sœur se reposer.

– Mais elle savait que j'allais tomber ! a insisté Vanessa.

– Ne dis pas de bêtises ! a grondé Adèle en tapotant son oreiller. C'était sûr que quelqu'un tomberait un jour de ce maudit arbre. Tu es tellement casse-cou, Vanessa ! J'aurais pu me douter que ça serait toi.

– Je ne me sens pas bien, ai-je déclaré après le dîner.

Je n'avais presque rien mangé.

Adèle m'a lancé un regard inquisiteur :

– Tu as mal au ventre ?

J'ai haussé les épaules.

– Des crampes d'estomac ?

– Peut-être...

J'avais déjà ressenti ce drôle de malaise un mois plus tôt, le jour de l'accident de Vanessa.

– Ça te fera du bien de te coucher de bonne heure, a déclaré Adèle, perspicace. File au lit, je monte te voir dans cinq minutes.

Fidèle à sa promesse, elle est venue s'asseoir à l'extrémité de mon lit et m'a parlé de choses que je ne voulais pas entendre. De croissance. De mon corps qui changeait pour se transformer en corps de femme. De douleurs au ventre. De sang.

Tout cela me faisait horreur. J'avais un corps fin et agile et je n'étais pas prête à le troquer contre les formes plantureuses d'une femme. Pourquoi n'étais-je pas née garçon ? Les garçons étaient insouciants et bien mieux équipés pour la vraie vie. Leurs vêtements étaient beaucoup plus pratiques… Si je devais bientôt devenir une femme, qu'adviendrait-il du don de voyance dont j'avais hérité ? Les choses risquaient-elles d'empirer ? Avoir prévu que Vanessa tomberait de l'arbre était déjà assez terrible. Sans compter que personne ne me croyait. Cela aussi, c'était désespérant. Si c'était ça, l'intuition féminine, je ne voulais jamais devenir une femme.

Quant au mot de « sang », il me donnait la chair de poule. J'avais traversé l'enfance sans trop en verser. « Tu es un courageux petit soldat », me disait Adèle lorsque je me coupais un doigt, ou si je m'égratignais un genou. Il me suffisait alors de rester bien immobile et de me concentrer pour oublier la blessure.

J'avais envie de demander à ma mère : «Va-t'en, s'il te plaît. Borde-moi et éteins la lumière. J'ai besoin d'être seule.»

Au lieu de cela, j'ai laissé Adèle fixer d'un air absent une photographie fixée au mur. On y voyait une ribambelle d'enfants qui attendaient un train. Elle est allée redresser le cadre et m'a dit :

– Il est temps qu'on parle de ce que les vieilles tantes t'ont raconté.

Même si Aglaë était morte peu de temps après ma visite, je ne l'avais pas oubliée. Je me rappelais parfaitement sa voix hésitante, ses yeux bordés de rouge, sa peau translucide.

– Je suis fatiguée.

– Mes tantes ont fait des prédictions à ton sujet, n'est-ce pas ?

Adèle me regardait d'un air farouche, ignorant mon bâillement exagéré.

– Je ne m'en souviens pas.

J'ai tiré les couvertures sur mon menton, mais elle a attendu. Elle voulait une réponse.

– C'était une histoire ridicule. Comme dans un livre.

– Exactement ! Ce sont des balivernes. Ah, les vieilles biques ! Un sixième sens, et puis quoi encore ! Ton arrière-grand-mère n'avait pas plus de sixième sens que je n'ai deux têtes. Aujourd'hui, on sait que c'est tout simplement impossible. Si elle disait la bonne aventure, elle devait raconter aux gens ce qu'ils avaient envie d'entendre. Elle devait les écouter très attentivement pour glaner des informations sur leur compte. Elle était très perspicace, certainement.

Adèle se déridait peu à peu, désormais convaincue que je n'avais pas prévu la chute de Vanessa. Allongée dans mon lit, je l'ai laissée parler du possible et de l'impossible, du monde connu et de l'inconnu, de la ligne ténue qui sépare la réalité et les contes de fées. Pendant ce temps, j'entraînais mes pensées tout au fond de moi, dans un profond tunnel. J'y suis restée un long moment, jusqu'à ce que je sente le danger s'éloigner.

– Personne ne peut deviner ce que nous réserve le futur, disait Adèle. Si quelqu'un en était capable, ça ferait la une des journaux. Si ton arrière-grand-mère était aussi clairvoyante, pourquoi se faisait-elle payer seulement vingt-cinq cents ? Pourquoi n'est-elle pas allée s'installer en ville, où elle aurait fait fortune ? Parce que ses prédictions ne valaient pas un sou, voilà pourquoi ! Et j'imagine qu'elle était assez futée pour le savoir.

Ma mère s'est tue un instant avant de reprendre :

– À ton âge, Juliette, on est très influençable. On a parfois des sentiments étranges quand on grandit. Tu as peut-être pressenti qu'une chose terrible allait se produire, mais cela ne signifie rien. Si je vous avais regardées monter dans l'arbre, j'aurais eu peur, moi aussi. Et n'importe laquelle d'entre vous aurait pu tomber. Les personnes sensées n'accordent aucun crédit à ces choses contraires à la logique. Elles vont à l'encontre de notre connaissance du monde et de nous-mêmes. Ce que tu as vécu était probablement lié au fait que tu deviens une jeune femme.

Ma mère racontait vraiment n'importe quoi.

Après avoir passé le Vendredi saint à méditer sur ma situation, je suis arrivée à une conclusion : je ne pouvais pas vivre jusqu'à la fin de mes jours en prévoyant les catastrophes. Je ne pouvais pas continuer à être la septième fille d'une septième fille. Il fallait changer quelque chose. Et j'avais ma petite idée sur la question.

Le lendemain matin, je suis descendue au rez-de-chaussée, attirée par l'odeur du café et du bacon frit. Je suis entrée d'un pas nonchalant dans la cuisine. Évitant le regard d'Adèle, j'ai déclaré :

– Je voudrais passer une partie des vacances à la ferme, avec Théo.

Adèle s'est détournée du bacon qui grésillait dans la poêle pour m'étudier attentivement. Elle avait dû sentir l'excitation que j'avais du mal à dissimuler.

– Je pense que tu ferais mieux de rester à la maison.

– Non. Je veux voir Théo. Je veux voir si la chatte de la grange a eu ses petits. Ça me fera du bien.

Adèle a émis un grognement.

– Je veux vraiment y aller, ai-je insisté.

Elle a soupiré.

– Si je refuse, tu vas me harceler jusqu'à ce que j'accepte. Pour nous épargner une longue bataille épuisante, je téléphonerai à Lydia tout à l'heure et je lui demanderai si elle est d'accord pour t'accueillir. Maintenant, mange ton petit déjeuner.

De temps à autre, Adèle posait sur moi des yeux défaits. Elle semblait épuisée. Les jumelles sont arrivées à leur tour. Elles se sont servies du bacon et des toasts.

Après le petit déjeuner, Adèle a téléphoné à tante Lydia. La liaison téléphonique était plus mauvaise que jamais, et elle a dû répéter sa question trois fois avant que Lydia comprenne.

– Ne la mets pas dans le train. John descend en ville ce matin, il passera la chercher.

Oncle John et moi sommes arrivés à la ferme pour le déjeuner. Après manger, Théo m'a proposé d'aller faire un tour à vélo. Tout en pédalant, je l'ai étudié attentivement, tâchant de mémoriser ses attributs de garçon. Il reniflait bruyamment, se raclait la gorge et crachait par-dessus son épaule. J'ai voulu l'imiter, mais le crachat a atterri sur la manche de mon pull. Je l'ai frotté en tenant le guidon d'une main.

De retour à la grange, Théo est descendu de vélo en balançant la jambe par-dessus la selle et la roue arrière. Quand j'ai essayé de faire pareil, ma jupe s'est accrochée à la selle et je suis tombée avec le vélo.

– *El Stupido* ! s'est moqué Théo.

– La ferme !

Je suis rentrée dans la maison au pas de charge. J'ai monté l'escalier quatre à quatre et claqué la porte de la chambre d'ami derrière moi. Peu après, j'ai entendu Théo respirer de l'autre côté.

– Qu'est-ce qu'il y a, Juliette ? a-t-il chuchoté, inquiet.

Comme je ne répondais pas, il a ouvert la porte. Planté sur le seuil, il a attendu que je m'explique.

J'ai fini par avouer :

– Je veux être un garçon.

Théo a froncé les sourcils et haussé les épaules. Il ne paraissait pas surpris. Il était lui-même un garçon et trouvait cette situation plutôt enviable. Il me l'avait rappelé assez souvent.

Tante Lydia est apparue en haut de l'escalier.

– Qu'est-ce qu'elle a, Juliette ?

– Elle voudrait être un garçon, a répondu mon traître de cousin.

Une seconde plus tard, Lydia était dans la chambre.

– C'est quoi, cette histoire ?

– Ma vie est horrible. Je me déteste !

J'ai fondu en larmes.

– Allons, allons. Ce n'est sûrement pas aussi terrible qu'il y paraît.

Lydia a chassé Théo d'un geste. Je me suis allongée sur le lit, le visage entre les bras. Elle m'a massé le dos.

– Tu traverses juste une période compliquée, a-t-elle dit. Ce sont tous les petits mystères de la vie. On est toutes passées par là. Tu t'y feras.

– Non.

Lydia a ri. Quand j'ai arrêté de pleurer, elle m'a quittée pour retourner à son repassage, laissant la porte ouverte. J'ai roulé sur le dos. Je n'allais pas m'y faire, comme elle disait, car j'allais arrêter cette métamorphose par la seule force de ma volonté.

Théo a réapparu sur le seuil. Je l'ai interpellé :

– Il faut que tu m'aides à devenir un garçon.

Il a froncé les sourcils, se demandant quelle mouche m'avait piquée. Puis il a réfléchi à ce que cela impliquait.

– Tu vas devoir te couper les cheveux.

– Je sais.

Je suis descendue du lit et je me suis campée devant lui.

Théo a regardé mes chaussures à lacets en cuir marron, mes chaussettes blanches tachées de cambouis. Ma jupe plissée en flanelle et mon chemisier blanc – ce dernier, qui avait appartenu aux jumelles, commençait à me serrer un peu la poitrine.

Le regard de mon cousin s'est déplacé lentement de bas en haut. Il s'est arrêté au torse. J'ai plissé les paupières pour prendre un air menaçant : « Une remarque et tu es mort ! » Théo a compris le message. Il a détourné les yeux en rougissant.

– Je veux que tu me donnes des vêtements, ai-je annoncé.

Son expression est passée de la surprise à l'excitation. Il m'a fait signe de le suivre dans sa chambre. Il a fouillé dans sa penderie, puis dans la commode et m'a offert une vieille culotte courte trop petite pour lui, un pantalon, deux chemises et deux cravates. Il a insisté pour que je prenne les deux. Il a terminé par des chaussettes et une merveilleuse paire de bottes, avec un gros trou dans la semelle.

10

Ça peut paraître ridicule : une fille de douze ans essayant de se faire passer pour un garçon. Cependant, j'avais beaucoup réfléchi à Théo et à sa tache de naissance. La plupart des gens trouvaient cela repoussant, comme s'il avait un steak cru étalé sur la figure. Pourtant, tant qu'il n'était pas confronté à un miroir, mon cousin parvenait à se persuader que les deux côtés de son visage étaient parfaits. Mon cas n'était pas vraiment comparable, bien sûr. N'empêche, si je m'habillais comme un garçon, si je me comportais comme un garçon, je pourrais me convaincre que je n'étais plus une fille. Et surtout pas la septième fille d'une septième fille.

Pour moi, c'était évident.

Pendant douze ans, je m'étais fiée aux apparences, j'avais cru que je resterais toujours telle que j'étais, et que j'avais seulement cinq sœurs. Ces derniers temps, j'avais découvert que les choses n'étaient pas aussi simples. Les apparences étaient trompeuses. Ma vie avait changé, mon corps se transformait... et surtout, j'avais reçu ce don étrange de voir les choses avant qu'elles se produisent. Plus qu'un don, c'était un fardeau. Mais je n'allais pas rester les bras ballants, à subir la situation. Je devais pouvoir échapper à mon destin, au prix d'un dernier changement.

J'ai plaqué la chemise de Théo devant moi et je me suis regardée dans le miroir de la penderie. Si Théo pouvait faire croire que son visage était normal en tournant la tête, je pouvais certainement me faire passer pour un garçon. Cela me demanderait quelques efforts, mais le jeu en valait la chandelle.

De retour dans la chambre d'ami, j'ai déboutonné ma jupe. Je l'ai laissée tomber sur mes pieds avant de faire un pas de côté. Puis j'ai retiré mon corsage et littéralement arraché ma combinaison. Plantée devant la glace, en sous-vêtements, j'ai compris que renoncer à être une fille serait très facile. Je me passerais volontiers de manches bouffantes, de ces affreuses robes en taffetas qui me faisaient transpirer, de nattes, de corde à sauter, et de ces poupées trop belles pour qu'on ose jouer avec. J'ai ressenti un vague pincement à l'idée d'abandonner mes bottes d'hiver en velours, avec leur liseré de fourrure. C'était le seul accessoire que je regretterais. J'étais ravie en revanche de troquer mes jupes contre des pantalons que je pourrais porter tous les jours, même à l'école. J'ai enfilé celui de Théo et j'ai senti son étoffe rugueuse râper la peau fine à l'intérieur de mes cuisses. C'était une sensation étrange, comme si j'avais les jambes plus écartées que d'habitude. Théo ne m'avait donné ni bretelles ni ceinture. J'ai passé la chemise tant bien que mal. Allez savoir pourquoi, les boutons étaient du mauvais côté. Puis j'ai rentré ses pans dans le pantalon en les bouchonnant pour le retenir à la taille.

Les mains dans les poches, je me suis ensuite campée devant le miroir ébréché, derrière la porte. Le pantalon était en flanelle grise. La chemise ample, à carreaux bleu foncé, me plaisait beaucoup. Elle me donnait l'air désinvolte. J'ai détaché les rubans de mes nattes et secoué mes cheveux, qui se sont dressés autour de ma tête comme un abat-jour gaufré. J'ai fait plusieurs passages devant la glace en jetant des coups d'œil à mon reflet. J'avais une drôle de démarche.

J'ai pris une grande inspiration, ouvert la porte et je suis sortie de la chambre. Théo m'attendait dans le couloir. Tante Lydia montait péniblement l'escalier, une pile de linge repassé dans les bras. Lorsqu'elle a été assez haut pour me voir, Théo s'est adossé au mur, les mains dans les poches, et il a commencé à siffler entre ses dents, les yeux au plafond. Immobile, je me suis mordu la lèvre.

– À quoi vous jouez ? a demandé tante Lydia.

Elle a écarquillé les yeux en me voyant.

– Théo m'a donné des vêtements, ai-je expliqué pour la mettre sur la voie.

– Ah bon ? Pas ce pantalon, j'espère ! Je l'ai commandé chez Eaton et il lui ira encore cette année.

– Je n'en veux pas ! a affirmé Théo. À l'école, ils se moquent de moi derrière mon dos quand je le mets. Je le déteste !

– Comment sais-tu ce qu'ils disent, si c'est derrière ton dos ?

Théo a regardé sa mère avant de détourner les yeux :

– On le sait toujours.

– Je peux l'avoir ? ai-je imploré.

– Non, ma chérie ! a refusé tante Lydia. Pas celui-là. Il est trop beau.

Lydia ne concevait pas de me céder ce pantalon. Pas seulement parce qu'il avait coûté cher, mais plutôt à cause des grands espoirs qu'elle fondait sur son fils. Elle imaginait sans doute que, lorsque Théo deviendrait un personnage important, son pantalon finirait dans un musée.

Tante Lydia est redescendue pour en parler à oncle John. Ce dernier m'a dévisagée avec un sourire distrait, avant de tousser pour le dissimuler.

– Bah, qu'est-ce que ça change, au fond ? Il y a des choses plus graves que de porter un pantalon. Sa mère peut se réjouir : Juliette ne se maquillera pas pour aller traîner dans les dancings.

– Il n'y a pas de dancing à Kempton Mills, a répliqué tante Lydia, irritée.

– Ah...

– Il vient de chez Eaton et il est d'excellente qualité, a-t-elle argumenté.

– Mais si le petit refuse de le porter... et j'avoue que je le comprends !

De guerre lasse, Lydia m'a laissée garder le pantalon, ainsi que les chemises, les cravates et la culotte courte. Elle m'a même offert deux pulls qu'elle destinait à une vente de charité.

Le dimanche après l'église (où j'ai porté mes propres vêtements) et après le déjeuner, j'ai annoncé à Théo qu'il allait m'aider à me couper les cheveux. Je me suis habillée en garçon et nous sommes partis pour notre refuge le plus éloigné : une corniche surplombant une carrière abandonnée, à une demi-heure de marche de la ferme. Il faisait chaud. Couchés à plat ventre dans les hautes herbes, les mains sous le menton, nous avons laissé notre regard errer sur les parois de pierre calcaire.

– J'ai apporté les ciseaux..., ai-je commencé.

Théo a roulé sur le côté et s'est appuyé sur un coude. Il a regardé mes cheveux blonds, qui voilaient partiellement mon visage. J'ai calqué ma position sur la sienne, puis j'ai glissé une mèche derrière mon oreille et je l'ai fixé dans les yeux.

Il a secoué la tête avec une grimace :

– Non. Je ne fais pas ça.

Je me suis assise en tailleur dans le pantalon râpeux et je l'ai fusillé du regard :

– Tu n'as pas le choix. Tu es mon meilleur ami. Mon seul et unique ami.

Il s'est assis à son tour, a enlacé ses genoux et contemplé mes cheveux blonds et soyeux. Rien à voir avec sa tignasse brun-roux, qui frisait dès qu'elle était assez longue.

– Tu as les yeux qui tombent dans les coins. Tu le savais ?

– Ne change pas de sujet.

– Je ne peux pas te couper les cheveux. Si je fais ça, ils vont nous tuer.

– Ils s'y habitueront. S'il te plaît…

J'ai sorti de ma poche une petite paire de ciseaux empruntée au nécessaire à couture de tante Lydia. Je les lui ai tendus sans un mot, sans cesser de le fixer.

Théo s'est mordu la lèvre. Il a promené ses yeux sur ma bouche, mon nez, mes oreilles. Il a fini par secouer la tête :

– Non.

Mes pommettes me brûlaient. Je me suis mise à genoux. Théo aussi. J'ai ramené rapidement les ciseaux entre nous. Il a reculé.

– Tsit-tsit ! a-t-il fait. Non. N-O-N.

Sa voix manquait d'assurance. J'ai continué à le fixer tranquillement :

– Si tu refuses, je ne te parlerai plus jamais. Je ne te regarderai plus jamais. Je ferai comme si tu n'existais pas. Tu ne seras plus mon ami. Mon seul et unique ami.

Il a pris les ciseaux d'une main tremblante.

Je lui ai présenté mon profil et j'ai soulevé une mèche de cheveux. Toujours à genoux, il en a saisi une pleine poignée, qu'il a fait glisser entre ses doigts.

– Vas-y, Théo !

Il a empoigné une autre mèche. Ses articulations rêches m'ont effleuré le cou. Il a penché la tête au-dessus de la mienne et inspiré profondément.

– Théo ! Tu n'as pas besoin de les sentir ! Coupe-les, c'est tout !

L'instant d'après, mes cheveux tombaient par terre. On les a regardés, stupéfaits.

– Continue ! ai-je fait d'une voix rauque.

Je réfléchissais enfin aux conséquences de notre acte. Théo avait raison : nos parents allaient nous tuer.

Obéissant, Théo a soulevé une autre mèche.

Quand il m'a rendu les ciseaux, le sol autour de moi était jonché de cheveux. Une rafale a emporté quelques touffes, qui sont allées s'accrocher sur les parois de calcaire. On a levé le camp. Tandis que je m'ébrouais comme un chien, Théo a épousseté ses vêtements. Puis, après avoir lorgné une dernière fois vers ma tête ébouriffée, il a pris le chemin du retour. Il était aussi accablé que s'il venait de commettre un assassinat.

– Attends-moi ! ai-je crié.

Il s'est mis à courir.

Quand elle m'a aperçue, tante Lydia a poussé un cri perçant : « Oh, Seigneur ! » Oncle John a paru déçu. Théo est monté dans sa chambre et a refusé d'en sortir. Oncle John m'a reconduite à la maison.

Adèle m'attendait sur le seuil. Lydia avait dû lui téléphoner, car ma mère avait pleuré. Elle a porté une main à son front et levé les yeux, comme pour implorer le ciel.

– Descends immédiatement chez Mlle Edwards, m'a-t-elle ordonné d'une voix étranglée.

Alors, seulement, elle a remarqué le pantalon, la chemise et les bottes. Elle a battu des paupières et pincé les lèvres.

– J'espère qu'elle pourra au moins te faire une coupe présentable, a-t-elle ajouté, accablée.

Elle m'a tendu deux vingt-cinq cents. Par réflexe, j'ai

avancé la main pour les prendre, mais je l'ai aussitôt retirée. Je ne pouvais pas capituler aussi vite.

– Prends-les ! a insisté Adèle, sévère.

J'ai fixé l'argent. J'aurais tellement aimé tout lui expliquer. Lui parler de Lucie la folle, lui dire que je n'ignorais plus rien de cette histoire de septième fille et que j'avais décidé d'échapper à mon destin. Que je n'allais pas accepter la fatalité. Si j'étais capable de prévoir des catastrophes parce que j'étais née septième fille, j'allais m'efforcer de changer la donne. Même si, pour cela, je devais désormais refuser d'être une fille.

J'ai continué de fixer Adèle et, soudain, je l'ai vue enfler dans des proportions gigantesques. Elle ne remplissait plus seulement l'encadrement de la porte, mais aussi la maison, la ville, tout l'espace entre la terre et le ciel.

– Je sais tout sur Lucie, ai-je lâché. Je sais qui elle est.

J'ai attendu que le sol s'ouvre sous mes pieds pour m'avaler.

Le regard d'Adèle s'est assombri. Ses joues ont pâli. Elle a commencé à secouer la tête. Bientôt, cette secousse l'a agitée tout entière, toute colossale qu'elle était. Ma mère, cet univers, tremblait comme si elle allait se disloquer ou entrer en éruption. Puis sa bouche s'est ouverte, tel un trou béant. Dans ses yeux, la colère a laissé la place à une autre expression. Elle semblait piégée, démasquée. Quand elle a enfin retrouvé sa voix, ce n'était plus qu'un murmure.

– Regarde-toi. Tu divagues ! Tu crois qu'on n'a pas assez d'une folle dans la famille !

Elle s'est engouffrée dans la cuisine. Je l'ai suivie.

– Est-ce que les autres sont au courant ?

– Au courant de quoi ?

– Que Lucie est notre sœur.

Adèle a fermé les yeux et s'est assise à la table, la tête baissée. Après un long silence, elle a répondu :

– Béatrice et Marietta le savent. Je leur ai demandé de ne pas en parler. Je pense qu'elles comprennent pourquoi. C'est une croix que je porterai jusqu'à la fin de mes jours. Cette enfant ne manque de rien, on s'occupe bien d'elle et elle ne peut pas être soignée. Les choses sans remède ne méritent pas qu'on s'y attarde, tu ferais bien de l'apprendre.

Adèle semblait se ressaisir à mesure qu'elle parlait. Elle s'est redressée et a dit d'une voix ferme :

– Je ne veux pas que tu en parles, Juliette. Ni dans cette famille, ni dans une autre. Je t'interdis d'y faire de nouveau allusion. Tu m'entends ?

J'ai hoché la tête. Je ne demandais qu'à retrouver ma famille sans histoires : les six filles Kemp avec leurs jeux, leurs chamailleries, leur arbre d'escalade et leur mère soucieuse de leur faire apprécier la musique, espérant que ses enfants lui feraient honneur.

Mais pour l'instant, c'était ma transformation qui posait problème. Adèle regardait tour à tour mes cheveux et mes vêtements.

– Juste une question : pourquoi ?

J'ai avalé ma salive et articulé d'une voix chevrotante :

– Je déteste être une fille. Je ne veux pas devenir une femme. Et je refuse d'être une septième fille.

Voilà. Tout était dit. J'aurais aimé avoir une voix plus forte, plus grave. Elle était stridente : une vraie voix de gamine.

– Une septième fille ? a répété Adèle en me toisant avec sévérité. Je croyais qu'on était d'accord pour ne faire aucune allusion à Lucie. Et ne viens-tu pas d'admettre que les tantes t'ont raconté des balivernes ?

– Si.

– Alors, ne reviens pas là-dessus, je t'en prie !

Elle a soupiré et secoué la tête. Elle m'a fait signe de m'asseoir, mais je suis restée debout.

– Quand Lucie est née, elle avait à peine l'air humain, a-t-elle dit tristement. Je ne cessais de pleurer à cause d'elle et je suis tombée très malade. En grandissant, elle me faisait même un peu peur. Quand tes sœurs sont nées, j'ai craint pour leur vie. Lucie était brutale, elle les attrapait et les tripotait sans ménagement. Finalement, le docteur Harmon m'a conseillé de chercher une maison où la placer. La nouvelle est arrivée aux oreilles de tante Agnès et de tante Aglaë. Avant que j'aie pu réagir, elles ont pris Lucie pour l'emmener vivre chez elles, à la campagne. Après cela, nos vies ont été métamorphosées. C'était un tel soulagement de ne plus avoir peur. Je me sentais coupable d'avoir abandonné Lucie, mais tout le monde disait que c'était mieux ainsi : mes tantes, mes sœurs, mon père, le docteur Harmon – qui venait de s'installer – et même ton père.

Adèle a fixé ses mains avant de me regarder. Debout près de la porte, maigrichonne, les cheveux en bataille, je devais avoir l'air d'un clown dans les vieux vêtements de Théo.

– Ah bon, ai-je lâché, faute de trouver une meilleure repartie.

Je me suis demandé comment était Adèle à l'époque. Et Lucie ? J'avais du mal à imaginer un petit enfant meurtrier.

– Voilà. Tu sais tout.

J'ai hoché la tête et haussé les épaules en même temps. Je n'étais pas convaincue de tout savoir.

– Maintenant, je te propose de quitter ces horribles vêtements, d'enfiler une tenue convenable et de descendre en ville, au salon de coiffure de Mlle Edwards.

– Je ne peux pas, ai-je dit en fixant le sol.

– Pff ! a soufflé Adèle. Tu ne t'imagines quand même pas qu'il suffit de se couper les cheveux et d'enfiler un pantalon pour te changer en garçon.

– Tu étais bien capable de croire que tu n'avais que six filles, ai-je rétorqué.

Elle s'est levée, fâchée :

– File immédiatement chez Mlle Edwards ! J'espère pour toi que c'est encore ouvert.

J'ai pris l'argent et j'ai descendu lentement la colline en évitant le regard des passants. Mlle Edwards avait installé son petit salon de coiffure dans la rue principale, nommée Bridge Street. En face, à l'ombre d'un gros orme, se trouvait le coiffeur pour hommes : « Chez Vincent ».

J'ai traversé la rue. Sous l'orme, des racines avaient transpercé le trottoir, formant une espèce de siège. Je m'y suis assise pour réfléchir et j'ai joué avec les fragments de bitume éparpillés alentour.

Une passante m'a saluée. Je l'ai ignorée.

Le moment était venu de faire un choix. Désobéir à ma mère me semblait dangereux. Adèle avait déjà abandonné un enfant. Ne risquait-elle pas de m'envoyer vivre ailleurs, moi aussi ? Avec Lucie et la grand-tante Agnès ? Jamais ! Plutôt fuguer. Comme Rachel Wirt.

D'un autre côté, si j'obéissais à Adèle, si je la laissais gouverner ma vie, je vivrais dans un tourment perpétuel.

Je continuerais à être Juliette Kemp et à prévoir des catastrophes que j'étais incapable d'empêcher. Alors que si je devenais un garçon… disons « Jules Kemp », je ne verrais plus rien.

J'ignorais si je parviendrais à tromper le destin, mais je devais au moins essayer.

Quand j'ai poussé la porte vitrée de son échoppe, Vincent le coiffeur lisait la page des sports du journal en fumant un cigare. Un mélange de fumée et de lotion capillaire m'a chatouillé les narines. L'homme m'a regardée en tirant sur sa moustache.

– Je voudrais une coupe de cheveux, ai-je annoncé.

Vincent a extrait sa carcasse de la chaise. Il a mâchonné le bout de son cigare et regardé ma tête hirsute d'un air renfrogné.

– Tu es passée sous une tondeuse à gazon ?

Sans répondre, j'ai grimpé sur la chaise pendant qu'il époussetait une cape blanche, la drapait devant moi et l'attachait sur ma nuque.

Il m'a examinée attentivement :

– Tu ne serais pas une des filles Kemp ?

– Non.

Il a croisé les bras, peigné sa moustache avec ses dents du bas. Je l'ai fusillé du regard avant de m'adoucir :

– Tout va bien. J'ai l'autorisation.

J'ai ouvert la main pour lui montrer mes deux pièces de vingt-cinq cents, trempées de sueur.

Vincent a haussé les épaules et pris ses ciseaux.

Je suis retournée à la maison la tête rasée (ou presque : il me restait quelques cheveux sur le dessus). En me voyant, Adèle a reçu un choc. Assommée, elle est allée se mettre au lit avec une compresse froide sur le front. Quant aux jumelles, elles sont restées un instant muettes de stupeur.

– Mince alors ! a fini par lâcher Jeanne.

Elle m'a regardé en cillant, avec un mélange de crainte et de respect.

– C'est… c'est totalement…

Les mots lui manquaient pour exprimer sa surprise.

– C'est affreux, a lâché Camille. Tu ressembles à un garçon.

– Tant mieux !

Je suis allée me planter devant la chambre d'Adèle et j'ai mis les points sur les i à travers la porte fermée :

– Je refuse d'être une fille et je ne veux pas devenir une grosse femme dégoûtante. À partir d'aujourd'hui, je suis ton fils.

Plus bas, les lèvres contre le trou de la serrure, j'ai ajouté :

– Je refuse d'avoir un sixième sens et je ne l'aurai plus, parce que je suis un garçon.

Marietta, qui était venue passer deux jours de congé à la maison, a ouvert la porte de sa chambre, située juste en face de celle d'Adèle.

– C'est ridicule, a-t-elle murmuré.

Venant d'elle, ce jugement m'a accablée. J'ai ravalé mes larmes : un garçon ne pleure pas.

Vanessa est sortie de sa chambre. Elle avait toujours le bras gauche dans le plâtre, maintenu par une écharpe. Elle a écarquillé les yeux en découvrant ma tête et mon déguisement de garçon. De sa main valide, elle est allée frapper à la porte d'Adèle :

– Maman, fais quelque chose ! Si tu laisses Juliette se promener dans cet accoutrement, je retourne en ville et je ne reviens plus jamais.

Du fond de sa chambre, Adèle a lancé des directives d'une voix rauque :

– Marietta, va faire du thé. Montez chacune dans votre chambre avec une tasse, et restez-y pendant une heure. D'ici là, j'aurai pris une décision.

Pendant que le thé infusait, Marietta m'a examinée d'un air critique. Elle m'a fait tourner sur moi-même.

– Pas mal, mais pas parfait, a-t-elle commenté. Tu as toujours un menton de fille.

Je suis sortie de la cuisine en trombe. J'ai refusé le thé et je suis montée dans ma chambre pour réfléchir. Je ne ferais plus jamais allusion à Lucie, et Adèle n'en parlerait pas non plus, c'était certain. Si on ne prononçait jamais son nom, Lucie disparaîtrait du monde réel. Elle cesserait de hanter mes rêves. Quant à ma métamorphose en garçon, elle était irréversible. Mes sœurs pouvaient fulminer. Adèle pouvait piquer toutes les crises qu'elle voulait, je tiendrais bon. Je n'étais plus Juliette Kemp.

11

Je suis descendue au rez-de-chaussée vêtue de la culotte courte beige foncé de Théo et d'un pull destiné à la vente de charité, ample mais assez beau malgré ses coudes troués. Pour couronner le tout, j'avais remonté mes chaussettes jusqu'aux genoux. Adèle était dans le couloir. Elle parlait au téléphone :

– Oui. Merci docteur.

Puis, avec un soupir de lassitude :

– Oui. On peut toujours essayer...

Elle a raccroché le combiné et m'a lancé un regard noir :

– Tout cela, c'est la faute de Lydia. Elle est la première coupable dans cette histoire. Elle aurait dû refuser de te donner ces vêtements ridicules. Et surtout, elle aurait dû t'empêcher de te couper les cheveux !

Ma mère semblait avoir retrouvé un peu de combativité.

Peu après, nous nous sommes toutes rassemblées dans la cuisine, où Adèle préparait le dîner. Marietta guettait par la fenêtre la voiture qui devait la ramener en ville. Je me suis adossée à la porte de l'office, afin de pouvoir m'échapper facilement. Sans me regarder, Jeanne a lâché d'une voix tranquille :

– Elle ne peut pas vraiment le faire, quand même ? Je veux dire, se changer en...

– Bien sûr que non ! l'a coupée Camille. Réfléchis un peu.

– L'esprit est une chose étonnante, est intervenue Marietta. Des gens ont déjà réussi à se convaincre qu'ils étaient paralysés. Ils n'avaient rien qui clochait sur le plan physique, et pourtant ils s'effondraient dès qu'ils essayaient de se mettre debout.

– Ce n'est pas comparable, Marietta ! a dit Adèle. Et ne va pas lui mettre ce genre d'idées dans la tête, ou on risque de la retrouver en fauteuil roulant.

Vanessa a embrayé sur le sujet qui l'intéressait :

– Si Juliette se balade habillée comme ça, avec la nuque rasée, les gens vont jaser. Ils vont la traiter de...

– De quoi ? s'est renseignée Jeanne.

Vanessa a lorgné vers Adèle, qui fixait son tas de pommes de terre et d'oignons émincés d'un air renfrogné.

– De lesbienne, a-t-elle lâché.

Elle a regardé notre mère tressaillir.

– Quelles que soient ses raisons, est intervenue Marietta, Juliette a fait le choix de prendre l'apparence d'un garçon. Et on peut la comprendre, non ? Pas de jupes, pas de jarretières, pas de chaussures à talons hauts, pas de soutien-gorge. La liberté ! Elle a choisi la liberté.

– La liberté d'avoir l'air idiote, a complété Vanessa.

Une voiture a klaxonné dehors. Marietta a pris sa valise, fait claquer des baisers en l'air et filé pour rejoindre l'hôpital de Kingston. Je venais de perdre ma seule alliée.

Pendant tout le dîner, mes sœurs m'ont regardée à la dérobée. Vanessa a encore tenté de me prouver que j'avais tort :

– Tu ne pourras jamais mettre de rouge à lèvres, avoir les cheveux bouclés, ou aller dans les boutiques pour t'acheter une robe de bal. D'ailleurs, on ne t'invitera plus à aucun bal. On ne t'invitera jamais à danser. Tu n'auras jamais de petit ami.

Jeanne me fixait, la fourchette à mi-chemin entre l'assiette et sa bouche.

– Tu n'auras qu'à inviter les filles à danser, a-t-elle lâché d'un ton jovial.

– Jeanne ! s'est écriée Camille.

– Quoi ? Qu'est-ce que j'ai dit ? C'est logique, non ?

– On peut changer de sujet, s'il vous plaît ? a demandé Adèle.

Ce soir-là, j'ai passé un long moment seule dans ma chambre. Assise au bord de mon lit, je n'apercevais que la moitié supérieure de ma tête dans le miroir, au-dessus de la commode. Je me suis concentrée longtemps sur cette image tronquée avant de parvenir à me détendre. Dans le miroir, mon front paraissait plus large, mes traits moins délicats. Je me sentais plus grande, plus forte. Je me suis levée et j'ai rejoint la porte à grandes enjambées.

Adèle a prévenu les dames de son club de bridge, ainsi que mon école, que je traversais une phase délicate et qu'il fallait me traiter avec indulgence. Selon le docteur Harmon, c'était la meilleure chose à faire pour l'instant. Elle a ajouté que la chute de Vanessa m'avait beaucoup perturbée.

Toutefois, ma mère n'était pas dupe. Elle devinait qu'il y aurait des moments difficiles, et son tempérament guerrier l'a incitée à adopter une stratégie. Elle voulait bien me traiter avec indulgence, a-t-elle dit à mes sœurs, mais jusqu'à un certain point.

– Si on atteint nos limites, je pense qu'on le sentira.

Quand j'ai annoncé que désormais, je répondrais seulement au prénom de « Jules », Adèle a soupiré :

– Entendu, mon trésor.

Je lui ai jeté un coup d'œil soupçonneux.

Le lundi, mon premier jour d'école dans la peau de Jules, j'ai descendu la colline à pas pesants. J'ai gardé pendant tout le trajet les yeux fixés sur le trottoir, où des touffes de pissenlit se frayaient un chemin entre les fissures. La bouche affreusement sèche, je suis entrée dans la cour de l'école par le portail des garçons et je me suis adossée à la balustrade pour les regarder jouer au base-ball. Les plus âgés houspillaient les petits, leur commandant de sortir du terrain. Ils ne paraissaient pas me remarquer. Prenant mon courage à deux mains, je me suis avancée sur le terrain.

– Hé, toi ! On t'a pas sonné ! a crié quelqu'un. Dégage de là !

– C'est qui, ça ? a demandé un autre.

– Un nouveau.

Le bruit a vite couru que Juliette Kemp faisait semblant d'être un garçon. Dès lors, j'ai senti la colère de mes camarades couver, partout où j'allais. Les garçons se contentaient souvent de m'ignorer. Ils me regardaient sans me voir, me bousculaient, trébuchaient sur moi avec leurs grands pieds. Ils me coupaient la parole et parlaient devant moi comme ils l'auraient fait dans mon dos.

Au début, les filles ont fait semblant de ne pas me voir. Puis elles ont roulé des yeux ronds et étouffé des hurlements de rire derrière leurs mains tachées d'encre. Carole Anne Hagen était assise derrière moi, à l'ancienne place de Rachel. Elle s'amusait à ébouriffer mes cheveux courts. Pour lui échapper, j'étais obligée de me pencher complètement en avant et de cacher ma tête entre mes bras. Quand Mlle Boyle écrivait au tableau, je me tournais et chuchotais : «Arrête ! »

Carole Anne faisait la moue et m'envoyait des petits baisers sonores.

Après la classe, Mlle Boyle m'a priée de rester. Elle voulait me parler.

– Pourquoi ? m'a-t-elle interrogée. S'il te plaît, dis-moi pourquoi.

– C'est personnel, ai-je répondu d'un ton guindé, m'efforçant d'être polie.

J'ai cherché ses yeux, espérant y lire de la compréhension, et pourquoi pas de la sympathie. Mais ils étaient trop occupés à courir de mon pantalon à ma tête rasée, et *vice versa*. Elle m'a expédiée chez le principal.

Accrochée à un clou dans le bureau de M. Pringle, j'ai reconnu la lanière de cuir à la sinistre réputation. Quand un élève manquait à la discipline, le principal l'abattait à grands coups secs sur son dos. Cela concernait surtout les garçons.

Je me suis assise sur les mains, au bord d'une chaise, en me demandant si j'allais devoir revenir sur ma décision.

M. Pringle, debout près de moi, me dominait de toute sa hauteur. C'était un homme fatigué et voûté, qui sentait la poussière de craie et les chaussures en cuir usées. Il a secoué la tête avec lassitude en découvrant mon accoutrement.

– Je croyais avoir tout vu, mais là, c'est le pompon. Mlle Boyle dit que tu refuses de t'expliquer.

Il me considérait d'un air sévère, les sourcils froncés. Sans tourner la tête, il a lorgné vers la lanière.

– C'est personnel, ai-je murmuré.

– Je vois… Je suppose que tu entends des voix qui te disent ce que tu dois faire.

Je l'ai regardé, stupéfaite :

– Non.

M. Pringle a fait quelques pas vers une étagère adossée à un mur de son bureau :

– Je vois…, a-t-il répété en grommelant.

Il s'est penché pour extraire un livre d'un rayonnage. Puis il est revenu vers moi en hochant la tête. Il m'a tendu l'ouvrage.

– Voilà ce qui arrive aux jeunes filles qui pensent pouvoir tout faire comme les garçons.

J'ai pris le livre. Il s'intitulait *Sainte Jeanne*.

– Ouvre-le.

C'était une pièce de théâtre, écrite par un certain George Bernard Shaw.

– Jeanne s'est fourrée dans un joli pétrin, crois-moi. Tu vas lire ce livre, ma fille, et tu m'en feras un compte rendu. Les leçons rentrent mieux quand on les écrit. Tu peux partir, maintenant.

J'ai remonté la rue à toute vitesse, les yeux baissés, *Sainte Jeanne* glissé dans le sac que je portais en bandoulière. Les filles me dépassaient en restant à une distance prudente. Après m'avoir doublée, elles se retournaient en gloussant.

En passant devant l'église presbytérienne, les épaules voûtées, j'ai repensé à la punition que m'avait infligée M. Pringle. Lire une pièce, ce n'était pas la mer à boire. Je n'avais encore jamais lu de théâtre dans un livre, seulement sur les pages ronéotypées que nous distribuait Mlle Boyle. Cela pourrait même être amusant : je serais tous les personnages à la fois.

J'étais toujours plongée dans mes réflexions lorsque je suis tombée dans une embuscade. Silencieuses et rapides, mes agresseuses ont surgi de l'allée longeant l'église pour fondre sur moi. C'était Carole Anne et deux autres filles que je connaissais à peine. J'ai distribué des coups de pied à la ronde et tenté de me libérer en me tortillant, sans succès. Elles m'ont traînée dans l'appentis derrière l'église, où les gens attachaient leur cheval au temps des calèches. Le sol sentait encore le crottin. J'étais bien placée pour le savoir, car elles m'avaient enfoncé le visage dans la terre.

– Voilà ce que tu mérites, espèce d'ordure ! a braillé une des filles.

Toutes les trois hurlaient, haletaient et m'accablaient d'insultes. Leurs yeux n'avaient plus rien d'humain. La question dépassait le choix de mes vêtements ou la longueur de mes cheveux. C'était la guerre, et j'étais l'ennemi. J'aurais voulu leur demander ce qu'elles me reprochaient, mais elles me tordaient le bras dans le dos et je pouvais seulement crier de douleur. Mes plaintes les rendaient hilares. Elles se sont assises sur mes jambes et m'ont enfoncé le visage dans le crottin.

– Sale marphrodite !

Carole Anne m'a craché dessus. Elle a sauté à pieds joints sur mes jambes et m'a tiré la tête en arrière par les cheveux, avant de l'enfoncer de nouveau dans la crasse.

Elles ont arrêté de me battre quand j'ai commencé à saigner du nez. Mon front et ma bouche aussi étaient en sang.

– Mince ! a dit l'une d'elles. Regarde c'que t'as fait.

J'ai fermé les yeux.

– C'est pas moi !

– Lâche-la !

Elles m'ont fait rouler sur le dos. Je suis restée allongée, inerte. Le sang ruisselait de mon nez et coulait sur ma joue.

– Tu vas avoir des problèmes, Carole Anne ! a raillé une des filles, s'adressant à sa chef de bande.

– Je l'ai quasiment pas touchée. Venez, on décampe !

La peur rendait leurs voix rauques. J'ai attendu de ne plus les entendre pour m'asseoir et frotter mon visage couvert de crottin et de larmes. J'ai tenté de vomir, en vain. Puis j'ai passé la langue sur les dents pour m'assurer qu'aucune n'était cassée, avant de cracher une substance visqueuse et sanglante. Est-ce que j'allais devoir porter un dentier, comme les vieilles tantes ?

Je suis rentrée à la maison en boitant, une main plaquée devant ma bouche. J'avais mal partout.

– Grands dieux ! s'est exclamée Adèle en m'apercevant.

La surprise a aussitôt fait place à la rage :

– Rien que d'y penser... Penser qu'on a agressé une de mes enfants !

Haletante, elle a pris plusieurs grandes inspirations avant d'appeler le docteur Harmon, puis le commissaire de police. Ce dernier, nommé Callan, était marié à l'une de nos cousines.

– Rien que d'y penser ! fulminait Adèle.

– Qui t'a fait ça ? m'a demandé l'agent venu mener l'enquête.

J'ai prétendu que je ne m'en souvenais pas. Qui sait ce qu'elles me feraient si je les dénonçais ? Le policier a regardé mes vêtements :

– Tu prépares une reconstitution historique ?

– Non.

– Oui, a dit Adèle.

L'homme est parti sans comprendre pourquoi on l'avait fait venir.

Adèle s'est refait une contenance. Les lèvres pincées, le regard dur, elle m'a entraînée dans la salle de bains pour m'aider à me laver. Chemin faisant, j'ai remarqué qu'elle avait les joues rouges et une lueur nouvelle dans les yeux. Sa poitrine semblait plus ample, ses épaules plus larges. Elle respirait bruyamment.

– On s'en est pris aux miens ! enrageait-elle.

Elle a téléphoné au directeur de l'école pour lui raconter ce qui m'était arrivé.

– J'en toucherai un mot à Mlle Boyle, lui a-t-il promis.

– Nous voilà bien avancées, a dit Adèle en raccrochant.

Elle m'a autorisée à manquer la classe pendant une semaine. J'étais le plus souvent seule à la maison. Vanessa était retournée dans son école de secrétariat. Elle devrait travailler dur pour rattraper le temps perdu, si elle voulait passer ses examens en même temps que ses camarades.

Adèle n'était presque jamais là. Elle sortait faire les courses, jouer au bridge, présider le club des mères et épouses de soldats, préparer des colis de victuailles pour les combattants. À la maison, elle triait des vêtements trop petits qu'elle rangeait dans des cartons, essayait de nouvelles recettes et dressait des listes pour Edna, qui travaillait chez nous trois jours par semaine. C'est à peine si elle me voyait. Quand nos yeux se croisaient, elle se détournait, exaspérée. À la fin de la semaine, elle a fini par lâcher : «Tu m'as déçue, tu sais. Tu étais une si jolie petite fille.»

Le soir, de retour du lycée, les jumelles m'évitaient. Elles allaient faire leurs devoirs dans leur chambre. À table, elles s'appliquaient à regarder à côté ou au-dessus de moi. Je me sentais transparente, informe. Juliette avait disparu, mais Jules ne s'était pas encore matérialisé à sa place. Je lisais laborieusement *Sainte Jeanne*. Les martyrs n'avaient plus de secret pour moi.

J'ai rassemblé tout mon courage pour retourner à l'école, le visage couvert de bleus et d'égratignures. Mes agresseuses ont fait profil bas. Elles semblaient attendre que le couperet s'abatte sur leurs nuques coupables. Ça n'est jamais arrivé. Je ne les avais pas dénoncées et j'en tirais un sentiment de puissance. Quand elles osaient me regarder, je fixais sur elles mes yeux sombres, menaçants. Cependant, j'étais plus seule que jamais. Même les élèves les plus gentils de la classe m'évitaient. J'étais invisible.

Les garçons me donnaient des surnoms odieux, souvent liés à mon anatomie, et éclataient de rire en classe.

– Silence, s'il vous plaît ! les grondait Mlle Boyle.

Je ne pouvais pas prendre le risque d'aller dans les toilettes des garçons. J'y avais jeté un coup d'œil et les urinoirs m'avaient décontenancée. Je trouvais cela dégoûtant.

Je n'étais pas non plus la bienvenue dans les autres. En me voyant entrer, plusieurs filles s'étaient mises à hurler. J'étais donc parfois contrainte de rester assise, immobile, les jambes croisées et les dents serrées, et d'attendre mon retour à la maison pour me soulager. Quand la cloche sonnait la fin des cours, j'étais la première sortie.

Dès que Mlle Boyle avait le dos tourné, les garçons me bombardaient de crachats avec l'extrémité de leurs règles. Les boules de salive traversaient l'air en vrombissant et atterrissaient dans mon cou, sur ma joue... J'ai appris à riposter. Un jour, Mlle Boyle était tellement tendue qu'elle a cassé trois fois sa craie. Au début de la semaine suivante, elle a déclaré qu'elle n'en pouvait plus. Elle a téléphoné à Adèle pour la convoquer à une réunion, après les cours. Une réunion à laquelle je devais participer.

Adèle est arrivée préparée pour la bataille. Elle avait appliqué un blush rouge sur ses jolies pommettes et serré étroitement les lacets de sa gaine neuve. Elle portait un tailleur gris acier orné de larges épaulettes. Une étole de fourrure couvrait ses épaules massives : la peau d'un renard mort aux yeux de verre, qui regardaient fixement derrière elle.

Mlle Boyle aussi était une guerrière. Elle a fait signe à Adèle de s'asseoir à côté de moi au premier rang, au pupitre d'un élève. Après quoi, elle est allée se barricader derrière son bureau en chêne massif et a entamé les hostilités :

– Madame Kemp, ça ne peut pas continuer ainsi. Il ne s'agit pas d'une plaisanterie ni d'un caprice d'enfant. Cela ne doit pas être traité comme tel.

Adèle a répondu par un soupir. Mlle Boyle a lancé une nouvelle offensive :

– En outre, madame Kemp, l'attitude de votre fille distrait les autres élèves.

L'institutrice parlait d'une voix ferme et confiante. Elle était en position de force et s'imaginait qu'Adèle, malgré son renard, sa poitrine imposante et ses joues rouges, ne faisait pas le poids.

– Je suis chargée d'enseigner à une classe de vingt-quatre élèves, a-t-elle dit. S'ils sont occupés à se moquer de votre fille, à commenter sa tenue vestimentaire, je ne peux rien leur apprendre. C'est impossible.

Adèle bouillonnait de rage. J'aurais aimé qu'elle regarde le tableau derrière Mlle Boyle. Même si l'institutrice, qui trônait derrière son bureau, semblait prête à remporter la bataille, je ne pouvais réprimer un sourire.

Au tableau derrière elle figurait le début d'un poème écrit de sa main. Seulement, après la cloche, un plaisantin l'avait légèrement transformé, et on pouvait désormais lire :

Derrières
Je pense que je ne verrai jamais
Un poème aussi joli qu'un derrière.

Je me suis retenue d'éclater de rire.

– Votre fille est un obstacle sur le chemin du savoir.

Mlle Boyle s'est renversée sur sa chaise, satisfaite de l'image qu'elle venait de produire.

Je devinais qu'Adèle n'allait pas tarder à sortir l'artillerie lourde. Elle s'est raclé la gorge :

– Peut-être, mademoiselle Boyle, pourriez-vous commencer par enseigner à vos élèves les rudiments du savoir-vivre. Apprenez-leur à ne pas se moquer des vêtements d'une camarade, à ne pas proférer de méchancetés à voix basse dans son dos. Je crains que vos leçons ne laissent à désirer. Vos élèves ont-ils le droit de rire des orphelins en haillons ? Leur enseignez-vous à respecter les coutumes d'autres cultures ? Les autorisez-vous à agresser et à battre d'autres enfants ? Le respect et la tolérance, mademoiselle Boyle ! Seigneur, j'ignorais que l'éducation était tombée aussi bas ! Je vais devoir en référer à quelqu'un. L'inspecteur principal des écoles... Les journaux... L'association des parents d'élèves...

Mlle Boyle semblait interloquée.

– Merci de m'avoir consacré de votre temps, a enchaîné ma mère. Je dois vous quitter à présent. J'ai des lettres à écrire, des coups de fil à passer...

Adèle a extrait sa silhouette cuirassée du pupitre et regardé Mlle Boyle en hochant la tête. Harry Warner, l'inspecteur principal, était un cousin par alliance. Morris Kendall, rédacteur en chef et propriétaire du journal, était un ami de longue date de la famille. Quant à la présidente de l'association des parents d'élèves, c'était Adèle en personne.

– Viens, Juliette, m'a-t-elle lancé.

Fascinée par son pouvoir, j'ai empoigné les bords de ma table pour me lever. Mais soudain, je me suis rappelé pour quelle raison nous étions là, et j'ai promené une main sur ma nuque rasée.

Adèle a fermé les yeux, inspiré profondément et repris :

– Viens, Jules, mon trésor.

J'ai repoussé une boucle couleur miel qui me tombait devant les yeux, rentré ma chemise ample dans le pantalon de Théo et suivi ma mère. Elle est sortie de la classe sans accorder un regard à Mlle Boyle.

– C'est pervers ! a lancé cette dernière dans notre dos.

Adèle était déjà au milieu du couloir. J'ai regardé l'institutrice toussoter d'un air dégoûté. On aurait dit une reine déchue. Le titre du poème détourné inscrit au tableau, qui dépassait de sa tête, lui faisait une piètre couronne.

Adèle a quitté l'école au pas de charge et bifurqué dans la rue de l'Église. J'ai allongé mes foulées pour la rattraper.

– Cela ne signifie pas que j'admets ton comportement, m'a-t-elle prévenue. Absolument pas. J'espère seulement que ça passera avec l'âge.

Je n'ai pas pris la peine de répondre. Ma décision était arrêtée : j'étais un garçon, il n'y avait rien à ajouter. Ma famille était obligée de l'accepter. Pareil pour l'école. C'était comme ça, avec les martyrs.

La tête de renard dardait sur moi ses yeux vitreux. J'ai pressé le pas et ouvert le portillon à l'extrémité de notre allée, avant de m'effacer devant Adèle.

Peu à peu, lassées de me voir faire la sourde oreille, mes sœurs ont commencé à m'appeler Jules à la maison. Je ne répondais à aucun autre nom. À l'école, j'étudiais le comportement des garçons, j'imitais leurs gestes, je jurais et je shootais dans les cailloux. J'avais glissé des piécettes dans mes poches, pour les faire tinter.

J'ai rendu mon essai sur *Sainte Jeanne* à M. Pringle. Lire la pièce m'avait donné du fil à retordre, mais j'en avais saisi l'essentiel. Et j'avais l'impression que le principal était dans mon camp. C'est pourquoi j'avais commencé ma fiche par ces mots : « Je vous remercie d'avoir compris ce que je ressentais. Je n'avais encore jamais rien lu sur Jeanne d'Arc. Maintenant, je vois que nous avons beaucoup de choses en commun, elle et moi. Elle avait ses raisons de vouloir se changer en garçon. Moi aussi, j'ai les miennes. » J'ai ensuite résumé la pièce tant bien que mal et conclu mon exposé ainsi : « La morale de cette histoire est qu'après vous avoir brûlée sur un bûcher, après vous avoir réduite en cendres, les gens se mettent à vous plaindre. Et à la fin, ils décrètent que vous êtes une sainte. C'est presque comme vous ressusciter, mais pas vraiment. Devenir une sainte, c'est devenir immortelle. Ce serait chouette, si on n'était pas déjà morte. »

M. Pringle ne m'a fait aucun commentaire.

L'inspecteur en personne est venu dans notre classe et n'a rien trouvé à redire à ma tenue vestimentaire. Il a échangé quelques mots à voix basse avec Mlle Boyle. Le chapitre était clos.

Ce n'était qu'une illusion, bien sûr. Après cela, Mlle Boyle n'a manqué aucune occasion de faire rire les autres élèves à mes dépens.

«Vous écoutez, monsieur Kemp ?» me lançait-elle. Ou bien : « Qui a oublié sa veste dans les toilettes des garçons ? Ce n'est pas toi, je suppose, Juliette... – pardon : Jules. »

La classe hurlait de rire ; ils adoraient ça.

Je suis devenue le souffre-douleur de mes camarades. Ils jouaient à me faire trébucher, à me rentrer dedans :

– Ah, excuse-moi ! Je ne t'avais pas vue.

J'étais devenue invisible. Personne ne me voyait et je ne regardais plus personne dans les yeux. Un jour, quelqu'un m'a poussée pendant que je buvais au lavabo des garçons. Je me suis coupé la lèvre. Après avoir arrêté le saignement, je suis retournée en classe. Le cours avait déjà commencé. Pendant que Mlle Boyle entamait un sermon sur les retards et l'impolitesse, j'ai sorti toutes mes affaires de mon pupitre pour les fourrer dans mon sac.

– Qu'est-ce que tu fais ? m'a demandé l'institutrice.

– J'arrête l'école.

J'ai entendu mes camarades s'étrangler.

– Tu ne peux pas arrêter, a décrété Mlle Boyle. C'est interdit.

Sans ajouter un mot, je suis sortie de sa classe, puis de l'établissement.

Quand je suis arrivée à la maison au milieu de l'après-midi, Adèle était dans la cuisine. Debout face à l'évier, elle épluchait des pommes pour faire une tarte.

– J'arrête l'école, ai-je annoncé.

Elle a posé son couteau, s'est essuyé les mains et s'est tournée vers moi.

– Arrête tes bêtises !

J'ai laissé tomber mes livres avec fracas sur la table de la cuisine et j'ai attendu, au garde-à-vous, le cou rentré dans les épaules. Adèle a croisé les bras sur la poitrine :

– Tu peux faire demi-tour. Tu retournes à l'école immédiatement.

– Je ne peux pas, ai-je chuchoté.

– Tu peux et tu vas le faire. Tout de suite.

– Non.

Un silence inquiétant a plané. Adèle a écarquillé les yeux, comme si elle avait mal entendu. Elle refusait de croire que je défiais encore une fois son autorité.

– Comment oses-tu répondre non à ta mère ? File !

Je suis restée debout, sans ciller, les yeux rivés aux siens.

– Non.

Un éclair de panique a traversé le visage d'Adèle. Elle a pressé les poings contre sa poitrine, comme pour lutter contre un afflux de sang. J'avais réussi à lui faire perdre contenance.

À cet instant, j'ai compris quelque chose. Ma mère était humaine, tout simplement.

Adèle a commencé par cligner des yeux en laissant échapper un lourd soupir. Puis elle a fait demi-tour, voûtée, et s'est dirigée vers l'escalier d'un pas traînant.

Je suis restée seule au milieu de la cuisine, dans ma chemise ample et mon pantalon de Charlot. La culpabilité m'a fait monter les larmes aux yeux. Comment en était-on arrivé là ? J'avais voulu remporter la victoire, c'est vrai, mais pas à ce prix.

Je me suis assise à la table, complètement sonnée. Ainsi, ma mère n'était pas invincible. Cette pensée m'a fait fondre en larmes. Lorsque j'avais vu Adèle rabattre son caquet à Mlle Boyle, je l'avais crue immortelle. Je m'étais bien trompée ! Ma mère vieillissait. Et le pire, c'est que je grandissais en même temps.

J'ai enfoncé les mains dans mes poches et fait tinter mes deux cinq cents et huit cents.

Les jumelles sont rentrées du lycée avec des mines consternées. En chemin, elles avaient entendu la rumeur, les chuchotements ironiques de mes camarades de classe. Elles savaient déjà que leur petite sœur avait décidé d'arrêter l'école.

– Mince ! a commenté Camille.

Jeanne a ajouté :

– C'est trop... trop...

Adèle a sorti son bloc de papier à lettres. Quelques jours plus tard, la réponse de Vanessa traînait, ouverte, sur la table de la cuisine. Comme mon prénom y figurait (ou plutôt, mon ancien prénom), je l'ai lue. Ma sœur, qui venait de terminer son cours de secrétariat, annonçait qu'elle avait trouvé du travail dans une entreprise juridique. « C'est grisant d'être enfin adulte et confrontée au monde réel, écrivait-elle. Quant à Juliette, je suis sûre qu'elle fait juste une petite dépression. Ça lui passera. »

Adèle m'a vu lire la lettre.

– Elle a sûrement raison en ce qui te concerne, a-t-elle dit. Tu dois souffrir de ce genre de dépression dont on parle dans les magazines féminins.

Béatrice a écrit à son tour. Elle était d'accord avec Vanessa. À ma connaissance, Marietta n'avait pas encore répondu.

Quant à moi, je me portais à merveille. Je n'avais plus ni migraines ni maux de ventre. Je ne fondais pas en larmes à la moindre occasion et je n'avais pas perdu l'appétit, comme les gens dépressifs. J'étais un garçon normal.

– Tu suivras des cours à la maison, a déclaré Adèle un soir, pendant le dîner.

12

Ma mère a mis une annonce dans le journal pour engager un précepteur. Mlle Sybille Coombs, la seule personne à s'être manifestée, est arrivée le lundi suivant. Penchée par-dessus la rambarde, je l'ai espionnée depuis le couloir de l'étage. Elle était maigre comme un clou et aussi ridée qu'un raisin sec. Ses joues creuses étaient teintées d'un fard orange vif et ses yeux bleus, énormes, erraient à droite et à gauche comme pour tout analyser, tout mémoriser. Elle ne quittait jamais son couvre-chef, une espèce de turban. « C'est une sorcière, ai-je pensé. Ou une magicienne… Non, plutôt une sorcière. » Elle a tendu son manteau à Adèle – une simple cape avec des trous pour les bras – et ma mère l'a invitée à entrer dans l'ancien bureau de papa.

J'ai descendu l'escalier sans un bruit et je me suis faufilée dans le couloir jusqu'à la porte entrouverte. Les mains au fond des poches, j'ai jeté des coups d'œil furtifs dans la pièce en écoutant Adèle expliquer à Mlle Coombs ce qu'elle attendait d'elle.

Soudain, elle a baissé la voix :

– Je dois vous prévenir que ma fille a un petit problème de nerfs. Voyez-vous, elle est à un âge délicat...

– Vous parlez de la puberté ? a répliqué Mlle Coombs.

Adèle s'est raclé la gorge avant d'acquiescer.

– Nous pensons que c'est juste une phase et le docteur est du même avis, a-t-elle enchaîné. Pour une raison mystérieuse, elle joue à être un garçon. Je conviens que c'est bizarre. Cela pourrait même être malsain. Mais pour l'instant, afin de préserver sa santé mentale fragile, nous avons décidé de la traiter avec indulgence. Une de ses sœurs a été victime d'un grave accident. Juliette ne s'en est jamais vraiment remise.

C'est le moment que j'ai choisi pour faire mon entrée, avec ma démarche de garçon. Adèle, l'air résigné, m'a présentée sous le nom de Jules.

Le col serré, les cheveux gominés, je me suis avancée timidement vers Mlle Coombs pour lui serrer la main en tripotant le nœud de ma cravate. Elle a dardé sur moi ses yeux brillants. Adèle a secoué la tête et fait demi-tour pour partir. Mlle Coombs l'a rappelée :

– Serait-ce abuser de vous demander une théière pleine de thé ? Je suis beaucoup plus lucide avec une tasse entre les mains.

Adèle lui a assuré que cela ne la dérangeait pas. Après son départ, ma préceptrice a fait une petite révérence :

– Permettez-moi de vous complimenter pour le choix de votre sexe. J'en aurais fait autant si j'en avais eu le courage. Les vêtements de fille étaient ridicules de mon temps, et ils le sont encore aujourd'hui.

– Ce n'est pas pour cela que je l'ai fait.

Mlle Coombs a attendu la suite. Comme je ne disais rien, elle a commencé à feuilleter tranquillement mes cahiers empilés sur le bureau.

Je l'ai observée à la dérobée et, soudain, j'ai eu envie de tout lui expliquer. Quelque chose dans ses yeux brillants m'inspirait confiance. Je voulais qu'elle soit de mon côté, qu'elle dise : « Oui, bien sûr, je comprends. »

Adèle est revenue avec une théière et un superbe service en porcelaine sur un plateau. Quand elle s'est de nouveau retirée, Mlle Coombs a sorti une petite gourde de son sac et versé un liquide transparent dans la tasse.

– C'est mon remontant, a-t-elle expliqué. Mon eau-de-vie.

Elle a bu quelques gorgées et son visage s'est éclairé.

– Bon, où en étions-nous ? Tu t'habilles en garçon pour échapper à quelque chose.

Elle avait plongé ses yeux dans les miens.

– Non. Je le fais pour tromper le destin, ai-je lâché.

Alors, sans hésiter une seconde de plus, je lui ai parlé de mon don de voyance et de cette histoire catastrophique de septième fille.

– Vous croyez à la voyance ?

J'aurais aimé qu'elle me donne une réponse négative, catégorique. L'entendre dire que cela n'existait pas, que la science l'avait prouvé.

– Les animaux sentent le danger, a-t-elle murmuré. Pourquoi pas les hommes ?

Après un silence, elle a ajouté :

– Ou alors, réfléchis à cela : tout s'est déjà produit dans ce monde, et nous sommes confrontés aux évènements de façon aléatoire. Seulement, certains d'entre nous ont un peu d'avance sur les autres. C'est une éventualité, et elle n'est pas plus absurde que la plupart des choses auxquelles nous croyons. Ou alors, ceci : il y a des choses que l'on sait, tout simplement. Il existe un savoir universel, auquel certains d'entre nous ont plus facilement accès que les autres.

J'ai regardé mes chaussures.

– Je vois que tu es sceptique. Qu'importe. Mais il est une chose que tu ne dois jamais oublier : « Il y a plus de choses au ciel et sur la terre, Horatio, qu'il n'en est rêvé dans ta philosophie. » Ainsi parle le prince Hamlet... Dans Shakespeare, tu sais.

Je n'ai pas répondu. J'espérais qu'Adèle n'était pas en train d'écouter de l'autre côté de la porte. Sans quoi, Mlle Coombs ne ferait pas de vieux os chez nous.

– Mon rêve est de voler, de conquérir la gravité, a-t-elle ajouté avec désinvolture. Le tien est de conquérir le destin. Tous deux témoignent d'un orgueil démesuré.

Je la dévisageais, les poings pressés contre ma bouche, le front plissé de concentration.

– Qu'apprendrait-on si on ne cherchait pas à repousser nos limites ?

Elle m'a adressé un clin d'œil et a terminé son thé.

– Viens ! Laissons là pour l'instant les royaumes de l'au-delà. Le monde observé nous attend.

Elle a tiré un journal de son grand porte-documents.

– Commençons par la première page.

Après l'avoir plié pour plus de commodité, elle a poursuivi :

– J'ai rencontré Mussolini, il y a des années de cela, avant la guerre... pendant mon dernier voyage en Italie. Il mastique la bouche ouverte. C'est un homme abject.

Chaque jour, je lisais les titres du journal avec Mlle Coombs pendant qu'elle buvait son thé. Je découvrais des mots inconnus et je traçais des cartes des territoires occupés par l'ennemi. Puis on discutait de la leçon du jour. Chaque fois que je levais les yeux, je la voyais m'observer par-dessus le rebord de sa tasse. Je dessinais parfois des caricatures de Hitler, de Mussolini, Chamberlain ou Roosevelt, ou de notre Premier ministre Mackenzie King. Elle regardait ces dessins d'un œil critique.

– Tu as un don, disait-elle en me rendant une dictée truffée de fautes. Mais il est étranger au domaine de l'orthographe.

Je ne m'aventurais presque plus en ville. Mon monde se limitait à notre maison, assez vaste, au jardin situé derrière et au petit bois qui s'étendait au-delà. C'était mon jardin d'Éden. Tantôt Adam, tantôt Ève, je veillais sur les fourmis, les scarabées, les chenilles, les taupes, les écureuils et les ratons laveurs. Mes protégés raffolaient des quignons de pain que je broyais dans mes mains avant de leur offrir.

Un jour, à la fin du mois de mai, j'ai proposé à Mlle Coombs de me donner ma leçon dans le bois. Elle a hésité.

– S'il vous plaît..., l'ai-je implorée.

Après avoir bu quelques gorgées de thé, elle a hoché la tête et m'a répondu avec un clin d'œil :

– Entendu : demain nous irons dehors. Ce sera une aventure.

Le lendemain, le temps était ensoleillé, mais un vent frais s'était levé. Mlle Coombs avait décidé de me montrer un livre d'art. L'ouvrage, qui contenait des reproductions en couleur d'œuvres célèbres, avait la taille et le poids d'un bloc de béton. Elle l'a transporté hardiment jusqu'au fond du jardin et s'est baissée pour franchir le trou dans la palissade. J'ai déplié les deux chaises en toile que j'avais emportées et nous nous sommes installées au bord de l'étang, à l'ombre d'un gros orme au tronc couvert de lichen.

Je me suis plongée dans la contemplation des chefs-d'œuvre : des bébés aux traits de vieillards dans les bras d'improbables madones ; des ors et des écarlates surprenants ; un duc au nez crochu, de profil ; une future épouse aux hanches larges s'offrant, la paume ouverte, à un mari blafard. Je posais mille questions. Au début, Mlle Coombs me répondait volontiers, mais plus les ombres s'allongeaient, plus elle plissait les yeux à cause du soleil. La tête rentrée dans les épaules, elle s'est emmitouflée dans sa cape pour se protéger de la brise qui éparpillait les feuilles mortes. Elle regardait de plus en plus souvent par-dessus son épaule et se tordait les mains avec anxiété. Nous étions sorties sans une goutte de thé.

– Il est temps de rentrer, a-t-elle dit. La forêt a des charmes qui ne sont pas faits pour nous.

– Il est encore tôt, ai-je protesté. On n'a qu'à tourner avec le soleil.

– Chaleur fugace…

Mlle Coombs était agitée d'un léger tremblement et hochait la tête en continu, comme pour marquer son approbation.

– Un jour qui meurt. Les feuilles sont tombées. Elles pourrissent.

Elle a frissonné. Elle semblait voir des choses invisibles pour moi. Puis elle a haussé les épaules, le regard fixe, le visage crispé. Elle m'a soudain paru très vieille. Ses yeux avaient perdu leur éclat. Des veines apparentes sous sa peau fine donnaient à ses joues une teinte brun-rouge. Après avoir rassemblé nos affaires, nous avons regagné la maison d'un pas pressé. Mlle Coombs courait devant moi. Sa cape gonflée par le vent flottait derrière elle.

– J'aimerais bien regarder encore ce livre, ai-je déclaré.

– Pourquoi pas, m'a-t-elle répondu par-dessus son épaule. Mais tu devras vaincre tes démons pour venir le voir dans mon ermitage.

Je me sentais un peu seule. Marietta, qui faisait sa spécialisation en médecine à Ottawa, avait très peu de temps libre. Vanessa était amoureuse. Dans ses lettres, elle faisait allusion à un jeune avocat récemment recruté par la société où elle travaillait. Béatrice s'occupait de son bébé. Adèle est allée passer cinq jours chez elle, à Toronto, en me laissant à la garde des jumelles. Elles avaient seize ans désormais, et elles étaient doublement capables de veiller sur moi, qui venais d'en avoir treize.

J'ai travaillé d'arrache-pied jusqu'au jour où je suis tombée malade. Dès l'après-midi, je me suis sentie fébrile. J'ai tenté de lutter contre la fièvre à force de volonté, sans résultat. J'avais la peau moite et douloureuse. Mlle Coombs est partie de bonne heure. Elle a conseillé à Adèle de me mettre au lit.

Je suis allée m'allonger sans protester et j'ai sombré dans un sommeil agité, entrecoupé de rêves. Je me réveillais en frissonnant jusqu'à ce qu'un nouvel accès de fièvre me fasse repousser mes couvertures. J'avais alors l'impression de brûler vive. Chaque millimètre carré de ma peau me faisait souffrir. Des flammes flamboyaient derrière mes paupières. J'avais la gorge en feu. Une fournaise rugissait dans mes oreilles.

Des mains râpeuses m'ont effleuré la peau : celles de ma mère, ou de Marietta. J'aurais voulu leur dire de ne pas me toucher, mais ma gorge était trop douloureuse pour produire un son. Les mains me bordaient, me retournaient comme si j'étais une marionnette en bois. Quand elles me couvraient de serviettes humides, le feu couvait. Je parvenais alors à saisir des bribes de phrases :

– Continue ce traitement, Adèle. Tu ne peux rien faire de plus pour l'instant.

C'était la voix du docteur Harmon. Il sentait la fumée de pipe et ses mains avaient une odeur particulière, de désinfectant, sans doute. J'essayais d'ouvrir les yeux pour lui dire combien j'avais chaud, mais un rêve surgissait et m'emportait ailleurs.

Quelques minutes ou quelques jours plus tard, le rêve s'estompait. Ma peau me semblait moins bouillante.

Plus tard encore, j'ignore au bout de combien de temps, les rêves ont complètement cessé. J'ai de nouveau perçu des phrases entières. « Repos absolu, au lit pour commencer », disait le docteur.

Adèle lui a fait remarquer que le pire était passé.

– Ne prenons pas le risque d'une rechute, a insisté le médecin. On n'est jamais sûr de rien avec la scarlatine. Je vais garder un œil sur elle. Il ne faudrait pas qu'elle nous fasse un rhumatisme articulaire par-dessus le marché. Ça s'est déjà vu.

Je n'ai pas entendu la réponse de ma mère, seulement le docteur :

– Ah, oui.

Après un silence, il a repris, si bas que je l'entendais à peine :

– Continue à la traiter avec indulgence. Je pense que ça lui passera avec l'âge. Elle a quoi : dix, onze ans ?

– Treize, a dit Adèle.

– Ah.

Nouveau silence, puis :

– Elle paraît plus jeune. Elle est petite pour son âge.

Je me suis ratatinée sous les couvertures en plaquant les mains sur ma poitrine, où deux monticules de chair semblaient grossir à vue d'œil. J'ai essayé de me concentrer sur ma poitrine en pensant « plat » et « mince », en vain. Qu'à cela ne tienne, je me concentrerais plus fort dans un jour ou deux, quand j'aurais retrouvé des forces.

Adèle et le docteur Harmon s'étaient rapprochés de la porte, mais je les entendais encore.

– Elle va commencer à se développer, disait le docteur. Quelquefois, après une grave maladie, les filles grandissent d'un coup. Tout reviendra en ordre quand elle aura mûri.

Adèle, qui n'était pourtant pas du genre à se laisser abattre, a poussé un gros soupir.

– Je l'espère. Cette enfant me rendra chèvre.

– Tu es une femme forte, Adèle. Tu t'en es sortie à merveille jusque-là. Je serais d'avis de lui laisser jouer sa petite mascarade encore quelque temps. Laissons passer le moment critique. D'ici l'été, tu constateras un changement. Et à l'automne, elle sera enchantée de retourner à l'école.

« Je ne parierais pas là-dessus », avais-je envie de rétorquer.

Puis Adèle lui a confié qu'elle s'inquiétait de me voir manquer l'école aussi longtemps. Apparemment, Miss Coombs n'était plus disponible. Elle était partie dans le Sud s'occuper de sa sœur, qui avait eu une attaque.

– Mlle Coombs excellait dans certaines matières, a-t-elle précisé. La littérature, l'histoire et la géographie...

– Il faut donc qu'elle se rattrape en mathématiques et en sciences, a dit le docteur. Je connais justement un garçon qui pourrait t'aider. Il a déjà un diplôme universitaire, mais il veut continuer ses études.

– Un jeune homme inconnu dans la maison ?

– Adèle, je le connais depuis qu'il est enfant. Il vit avec sa mère à Oxford Landing. Son père était pasteur. Il est mort il y a quelques années. Ce garçon est inoffensif. D'ici l'été, il sera sans un sou et aura besoin de travailler. Sans compter que ce genre de défi lui ferait le plus grand bien. Il a tendance à se replier sur lui-même. C'est un jeune homme peu commun.

– Peu commun ! Eh bien, c'est tout le contraire de ce qu'il nous faut ici ! Ce n'est pas parce que je ferme les yeux sur un comportement... exotique que je suis prête à accueillir chez moi tous les esprits rebelles.

Le docteur Harmon a senti venir l'orage. Il a changé de sujet.

– Marietta fait toujours son internat ? Elle a bientôt fini, non ?

– Elle a commencé sa spécialisation, a dit Adèle. Et après cela, allez savoir ce qui lui passera par la tête ! Une femme docteur ! On aura tout vu !

– Oh, c'est très à la mode. Les femmes font d'excellents docteurs pour les enfants.

– Elle ferait mieux de se marier et d'avoir ses propres enfants. Enfin, je ne sais pas quel homme voudrait d'elle… C'est une telle tête de pioche !

– Elle trouvera quelqu'un, j'en suis sûr. Et tes autres filles ?

– On a reçu une lettre de Vanessa. Elle est fiancée à un homme qu'on n'a jamais vu. Ils veulent se marier à l'automne, figure-toi ! Ils ne pourraient pas attendre un an, au moins ?

– Tant mieux pour elle. Elle s'épanouira dans le mariage. Et avec cette guerre, personne n'attend longtemps avant de se marier.

Le docteur a grommelé, s'est demandé tout haut où il avait laissé son chapeau, avant de revenir au sujet précédent :

– Si tu te décides à engager mon précepteur, je te conseille, dans l'intérêt de la petite, de ne pas lui dire que c'est une fille travestie. Le jeune homme pourrait avoir du mal à se faire à l'idée.

– Quel âge a-t-il ?

– Une vingtaine d'années. Comme je te le disais, je la laisserais être ce qu'elle paraît : un garçon chétif qui se remet d'une grave maladie. Sans quoi, tu risques de le dissuader d'accepter ce travail.

Les voix ont disparu dans le couloir. J'ai juste entendu Adèle conclure :

– Je pourrais peut-être engager ce garçon, finalement. Parle-moi encore de lui.

Ma convalescence s'est passée comme dans un rêve. Je suis simplement restée allongée, en attendant d'aller mieux. Vanessa est venue à la maison avec son fiancé et sa bague de fiançailles. Elle m'a montré les deux dans ma chambre. J'ai admiré la bague et serré la main de Jack, qui m'a raconté des blagues. J'avais mal à la gorge à force de m'étrangler de rire. Finalement, Adèle est entrée dans la chambre pour leur demander de me laisser tranquille, disant que j'avais eu assez d'excitation pour une seule journée.

Quand j'ai été suffisamment rétablie, je me suis assise, des oreillers dans le dos, pour feuilleter le livre que Mlle Coombs m'avait laissé en guise de cadeau d'adieu. C'était le livre d'art que nous avions regardé ensemble. Sur la page de garde, elle avait écrit « Nous sommes obligés de partager nos joies, mais le chagrin, comme la douleur physique, est un état solitaire. »

– C'est morbide, a commenté Adèle. Pourquoi a-t-elle écrit une chose pareille ?

Je l'ignorais, mais j'étais convaincue que je le découvrirais tôt ou tard.

13

L'été est arrivé sur Kempton Mills et bientôt, un lundi, le précepteur d'Oxford Landing s'est présenté chez nous.

Les jumelles m'ont dit qu'au lycée, plus personne ne parlait de moi.

– Tout le monde discute de la guerre et de la débâcle en France, a précisé Camille.

– Hervé Morley est parti là-bas, a ajouté Jeanne. Comme le fils du type qui travaille à la poste. Celui-là est porté disparu.

– Ah, et tu sais quoi ? Ils ont libéré le père de Rachel Wirt. Finalement, c'est un chat qu'il a tué dans le wagon abandonné. Pas Rachel.

J'étais contente de ne plus être au centre des conversations. Et si j'étais désolée pour les soldats, je ne plaignais pas M. Wirt. Un homme capable de tuer un chat est prêt à tout. Qui sait où était passée Rachel ?

Fidèles à leur habitude, chaque samedi, Adèle et tante Lydia échangeaient des ragots autour d'un thé. Je les ai entendues parler de moi :

– Tout ça, c'est à cause de son imagination débridée, disait Adèle.

– Il faut être vigilant avec les enfants, de nos jours, répondait Lydia.

– Le docteur Harmon prétend que ça ne durera pas indéfiniment.

– Bien sûr que non !

– Mieux vaut jouer son jeu, a enchaîné ma mère. La contraindre risquerait de lui faire perdre les pédales.

– Je vais en parler à Théo, a promis Lydia. Il comprendra.

En gage de bonne volonté, Adèle avait invité Théo à passer l'été avec nous pour profiter du précepteur. Lydia avait accepté, ravie. « Si ce garçon travaillait un peu, il serait le premier de sa classe », ne cessait-elle de répéter. « Sans effort, on n'arrive à rien. »

Lydia avait même accepté de partager les frais. Adèle était satisfaite de cet arrangement.

Marietta était de retour à la maison. Elle devait travailler tout l'été comme remplaçante à l'hôpital de la ville.

– C'est l'idéal, avait-elle expliqué à Adèle. C'est l'occasion de montrer aux gens qu'ils se trompent en pensant qu'une femme docteur est moins compétente qu'un homme.

– Absolument, a fait Adèle.

J'ai vu ses joues s'empourprer.

– En plus, a repris Marietta, ça me laisse le temps de décider ce que je veux faire de ma vie.

Assise sur une chaise longue, derrière la maison, je me faisais dorer au soleil. Sa chaleur me réchauffait les os. L'air de juin sentait bon la fleur d'oranger et une brise agitait mes cheveux, que Jeanne venait de couper. Je laissais errer mon regard sur les nuages floconneux sans y distinguer aucun motif, aucun présage. Je me sentais en sécurité. J'ai roulé mes manches jusqu'aux coudes pour exposer mes bras et appuyé la tête contre la toile rayée. La scarlatine m'avait vidée de toute énergie ; je n'étais plus que l'ombre de moi-même.

Un moteur a pétaradé dans le lointain. Presque aussitôt, Théo est sorti en coup de vent dans le jardin, laissant claquer la porte grillagée. Il a dévalé les marches du perron.

– Le voilà ! Il a une moto !

Depuis quelque temps, la voix de mon cousin oscillait entre les notes graves et suraiguës, à la recherche d'un registre convenable. C'était un vrai supplice pour les tympans.

Alors qu'il tournait les talons, je l'ai rappelé avec un cri strident qui m'a fait mal à la gorge :

– Théo ! N'oublie pas !

– Quoi ?

J'ai continué à voix basse :

– Je m'appelle Jules. Je ne me suis jamais appelée autrement et je m'appellerai toujours comme ça.

– Je sais, je sais !

Il surveillait le véhicule qui remontait l'allée.

– Ne vends pas la mèche au précepteur, ai-je insisté.

– Pourquoi je ferais ça ?

– Je ne sais pas. Tu pourrais oublier. M'appeler Juliette sans le faire exprès.

Théo s'est tourné vers moi. Il m'a longuement observée, les sourcils froncés.

– Je ne comprends pas. Tu n'es pas un peu vieille pour jouer à ça ? Les gens croient que tu as perdu la boule. C'est ma mère qui le dit.

– C'est ce que tu penses, toi aussi ?

Je l'ai fixé dans les yeux, très sérieuse. Son expression s'est adoucie. Il a poussé un soupir :

– Non, je ne le pense pas. Tu pourrais être la reine de Saba que ça ne me dérangerait pas. Ou le roi du Siam…

Arrivée au bout de l'allée, la motocyclette a crachoté et s'est tue. Le conducteur, un jeune homme, a retiré son casque en cuir et l'a suspendu au guidon. Sans descendre de selle, il s'est passé une main dans les cheveux et nous a fait un signe de tête.

Marietta est sortie sur le perron pour l'accueillir. Adèle nous avait confiés à sa garde avant de prendre le train pour Toronto, où elle était allée passer quelques jours. Elle allait aider Béatrice à s'occuper de son bébé pendant l'absence de David. Les jumelles assuraient l'intendance de la maison et Marietta me surveillait de près.

Le précepteur est enfin descendu de sa moto. Il l'a appuyée contre le garage et s'est avancé vers nous. Il boitait ! Son pied gauche, chaussé d'une bottine légèrement surélevée, était tourné vers l'intérieur. On l'a tous fixé, bouche bée.

Marietta a repris ses esprits la première. Elle est allée à sa rencontre, une main tendue et un sourire aux lèvres :

– Bonjour, monsieur Hope.

Elle a fait les présentations. Le jeune homme se nommait Adrien ; il nous a demandé de l'appeler par son prénom. Il a rendu son sourire à Marietta.

Théo et moi étions sans voix. Adrien nous a souri à nous aussi :

– Si on commençait ?

Il est retourné vers sa moto en claudiquant pour récupérer des livres dans les sacoches fixées à la selle. Marietta devait partir travailler. Elle s'est dépêchée de rentrer se préparer.

Théo et moi avons échangé un sourire complice.

– Il est chouette, non ? a chuchoté mon cousin.

– On va voir…

Nous avons installé l'école au fond du jardin : une table de bridge et des chaises pliantes, à l'ombre d'un arbuste touffu. Les jours de pluie, on se repliait dans la salle à manger. Chaque matin, Marietta offrait une tasse de café à Adrien, qui arrivait de bonne heure. Elle s'asseyait un instant avec lui avant de partir pour l'hôpital. Ils avaient des amis en commun à l'université et ne manquaient pas de sujets de conversation.

Adrien Hope était un jeune homme calme, peu bavard. J'aimais le voir rejeter ses cheveux bruns en arrière quand ils tombaient sur son front. J'étudiais attentivement ses traits et le soir, dans ma chambre, je dessinais son portrait de mémoire : « Il a des yeux de poète, la tête d'un empereur et les épaules d'un dieu grec. » Le seul défaut d'Adrien était sa claudication.

Pressé de nous voir apprendre, il prenait son travail très à cœur et semblait contrarié quand on ne comprenait pas quelque chose. Il triturait son menton, plissait le front. Le découragement se lisait dans ses yeux. Pour le ménager, je faisais faire des exercices supplémentaires à Théo après son départ. Le jour où nous avons enfin réussi à diviser les fractions sans erreur, Adrien a souri aux anges, comme si c'était le plus beau jour de sa vie.

Je commençais à trouver les week-ends interminables. Théo rentrait parfois chez lui pour aider son père à la ferme. Il revenait le dimanche soir, pressé d'entamer une nouvelle semaine. Nous passions la soirée à discuter d'Adrien, à nous rappeler ce qu'il nous avait dit la semaine précédente et à imaginer les causes de son infirmité.

«Adrien vous obsède, tous les deux», nous taquinait Marietta.

Fin juillet, mon agitation était à son comble. Le soir, je marchais de long en large dans la maison. Je ne m'asseyais que pour me relever aussitôt.

– Calme-toi, pour l'amour de Dieu, me lançait Marietta.

Tôt le matin, je tournais en rond dans le jardin trempé de rosée. Je me sentais prisonnière, en danger. Dans le miroir de la salle de bains, je ne voyais que mes yeux et mes pommettes. Le reste de ma personne semblait s'être volatilisé.

Pendant les leçons, c'était différent. Adrien donnait forme à ma vie. Quand il nous expliquait quelque chose, il nous regardait tous les deux avec une ferveur qui me rendait jalouse. J'aurais voulu qu'il me contemple, moi seule. Être le chouchou du professeur. Je m'émerveillais de le voir compenser sa boiterie. Son étrange infirmité. Je me persuadais qu'un sorcier infâme lui avait jeté un sort. Et je travaillais si dur que je m'étais mise à rêver d'équations.

Quant à Théo, je devinais à son air et à sa façon de parler qu'il vouait un culte à notre précepteur... ainsi qu'à sa monture.

Chaque jour commençait comme le précédent. On entendait gémir la moto d'Adrien dans le lointain. Elle rugissait dans le virage et remontait l'allée en pétaradant avant de s'arrêter avec un hoquet, dans un nuage de fumée d'échappement. Théo fonçait accueillir Adrien. Il l'aidait à faire rouler l'engin jusqu'au garage. Marietta sortait alors et lui lançait : « Encore une belle journée ! »

Ils s'asseyaient ensemble sur le perron pour siroter leur café, épaule contre épaule. Marietta disait quelque chose ; Adrien se tournait vers elle ; ils riaient ensemble. Puis Adrien soupirait. Il se levait lentement, adressait un petit salut à Marietta et nous hélait de loin, voyant que nous étions déjà installés à notre bureau improvisé :

– Bonjour, les garçons ! Vous avez l'air de bonne humeur.

Il traversait le jardin qui sentait bon l'herbe coupée pour venir s'asseoir avec nous. Il nous souriait amicalement et je me demandais ce qu'il pensait de moi. Je le surprenais régulièrement à regarder mes cheveux blonds, coupés au bol.

– Prenez vos cahiers de sciences, nous commandait-il.

Parfois, pendant qu'il fixait son attention sur Théo, je me cachais derrière mon coude pour esquisser son portrait. Je me concentrais sur la ligne de sa mâchoire, le dessin de ses jolies oreilles. Je traçais quelques traits rapides. Si Adrien levait les yeux, je tournais la page et je me redressais, les mains jointes.

Au milieu de la matinée, Adrien nous observait, renversé sur le dossier de sa chaise. Théo louchait sur un problème de physique, tandis que sa langue explorait l'intérieur de sa joue. Troublée par le regard d'Adrien, je passais une main moite dans mes cheveux, qui restaient dressés sur ma tête. Puis, renonçant à trouver la vitesse du corps en chute libre, je me mettais à griffonner distraitement dans un angle de mon cahier : des étoiles, une lune et d'autres corps célestes... Un petit portrait d'Adrien.

Un jour de pluie, Adrien est entré sans un bruit dans la salle à manger après avoir bu son café avec Marietta. Je n'ai pas eu le temps de dissimuler un portrait de lui, auquel je mettais une dernière touche. Lorsqu'il a posé les yeux sur mon cahier, j'ai rougi violemment. Adrien a dû se reconnaître, car il a paru mal à l'aise. Il s'est éclairci la gorge :

– Tu as l'air doué en dessin. Je peux voir ?

J'ai poussé mon cahier vers lui et regardé par la fenêtre. Dehors, la pluie bombardait les roses trémières qui poussaient le long du mur. J'ai enfoncé les mains dans mes poches, persistant à lui tourner le dos.

– C'est vraiment bien, a-t-il commenté.

Sa voix trahissait sa surprise.

– Tu as pris des leçons ou tu as appris seul ?

– J'ai appris seule.

Théo a dévalé les marches et pivoté autour du poteau de l'escalier avant d'entrer dans la salle à manger comme un bolide. Dans sa précipitation, il a laissé tomber ses cahiers. Adrien et moi nous sommes baissés pour les ramasser. Puis, mes dessins oubliés, nous nous sommes mis au travail.

Comme les jours ensoleillés se succédaient, nous avons décidé de commencer les cours plus tôt, à cause de la chaleur. À la fin d'une journée torride d'août, alors que nous nous prélassions à l'ombre, assis sur l'herbe, Théo a demandé à Adrien s'il avait une petite amie.

– Théo ! C'est indiscret ! l'ai-je réprimandé.

Puis j'ai regardé fixement Adrien, curieuse d'entendre sa réponse.

Il s'est rembruni avant de lâcher :

– C'est top secret.

– Allez ! a insisté Théo. Dis-le-nous. On ne le répétera à personne.

Comme il faisait trop chaud pour travailler, Adrien s'est prêté au jeu. Mais il est resté prudent, craignant peut-être de voir la situation lui échapper.

– Toi d'abord, a-t-il lancé à Théo. Dis-nous le prénom de ta bien-aimée.

– Pff ! a fait Théo, embarrassé.

Il m'a regardée à la dérobée, puis il a baissé les yeux :

– Je n'en ai pas. Mais toi, oui. Forcément.

– Tu plaisantes ! s'est esclaffé Adrien. Qui voudrait d'un vieil empoté comme moi ? Les filles veulent un homme qui les fera danser. Je ne suis pas dans la course. Enfin, façon de parler. Et toi, Jules ? Tu as une petite amie ?

J'avais senti venir la question et déjà piqué un fard. Au moment où Adrien m'a regardée, je devais être écarlate.

– Ne dis pas n'importe quoi. Je suis trop jeune, ai-je répondu sèchement.

Adrien a regardé Théo en haussant les épaules. Théo s'est étranglé de rire et il a failli tomber de la chaise pliante. Je l'ai fusillé du regard :

– Théo !

Parfois, après les leçons, on allait se promener dans les bois pour trouver un peu de fraîcheur. La première fois, on a dû supplier Adrien de nous accompagner. Embarrassé, il marmonnait :

– Je ne pourrai jamais suivre votre rythme.

Je lui ai saisi le poignet et je l'ai entraîné doucement jusqu'à la brèche dans la clôture :

– On ne fait pas la course.

J'ai enfoncé les mains dans mes poches et je me suis avancée sur le sentier en imitant la démarche chaloupée de Théo. Au passage, j'ai cru apercevoir un objet brillant, tacheté de bleu dans le trou d'un arbre. Je me suis détournée. Ce n'était rien. J'ai continué d'un pas tranquille, sifflotant entre mes dents et jetant des coups d'œil à gauche, à droite et devant moi. Je ne voyais que des rochers gris, des troncs d'arbres gris et, de temps en temps, un écureuil gris.

– Tu pourrais nous donner nos leçons au bord de l'étang, a lancé Théo à notre précepteur.

Adrien a souri.

– C'est tentant. Comme dans l'*Émile*, de Rousseau… Mais non, vous seriez trop distraits.

– Bien sûr que non.

J'ai repensé à Mlle Coombs. À son malaise lorsqu'elle s'était retrouvée dehors sans son thé, privée de son eau-de-vie réconfortante.

– Je pense qu'il vaut mieux nous en tenir à une table et des chaises, a ajouté Adrien. Je dois mériter mon salaire.

J'ai deviné qu'il pensait à Adèle. De retour de chez Béatrice, ma mère l'avait soumis à un véritable interrogatoire sur ses connaissances en sciences et en mathématiques.

– C'est votre domaine ? lui avait-elle demandé.

– Non. Mais je suis capable de les enseigner à ce niveau.

Il avait commencé à lui exposer son programme en détail, ouvrant l'un après l'autre les manuels qu'il avait apportés. Adèle l'avait interrompu :

– Arrêtez, vous me donnez le vertige ! Les lignes droites. Enseignez-leur tout ce que vous pouvez sur les lignes, les carrés et la résolution des problèmes. La vie se résume à cela.

Un jour de grosse chaleur, Adrien nous a apporté un ouvrage intitulé *Émile*. Il l'a ouvert près de l'étang.

– Mon grand-père m'a offert ce livre quand je suis entré à l'université. C'était un geste très important, venant de lui. Jusque-là, j'avais toujours cru qu'il détestait les livres. Il ne lit pas l'anglais.

– Ça doit être pénible pour lui, ai-je observé.

– Il reçoit un magazine allemand par la poste, une fois par mois. Du moins, il le recevait. Depuis quelque temps, les douaniers l'interceptent. « On ne laisse pas de littérature subversive entrer dans le pays ! » lui a-t-on expliqué au bureau de poste.

– C'est vrai ?

– Bien sûr que c'est vrai ! a dit Théo. Et ils ont sacrément raison !

Adrien a haussé les épaules :

– Mon grand-père est inoffensif. Ce n'était qu'un magazine d'agriculture. Il avait une ferme à l'ouest de l'Ontario avant de venir vivre avec nous, après la mort de mon père.

– Mon père aussi est mort.

Adrien m'a fait un signe de tête en témoignage de sympathie. Avec ses deux parents vivants et en pleine forme, Théo devait se sentir exclu.

– Où tu habites ? a-t-il demandé à notre précepteur.

Adrien nous a parlé d'Oxford Landing, un village paisible non loin de Kempton Mills. J'adorais le regarder parler. Je ne me lassais pas de l'interroger. La chaleur était étouffante. Comme Théo, il avait déboutonné sa chemise.

– Assez de questions ! a-t-il finalement déclaré.

Il a récupéré son livre et a entrepris de nous lire *Émile* à haute voix. C'était affreusement ennuyeux, mais on l'a quand même encouragé à continuer. À présent, Adrien et Théo étaient torse nu. Les épaules de Théo et son torse maigre étaient constellés de taches de rousseur. Il a retiré ses chaussettes et ses chaussures, roulé les jambes de son pantalon et s'est aventuré dans les eaux peu profondes de l'étang.

Je suis allée m'adosser contre un arbre, un peu à l'écart, la chemise boutonnée jusqu'au cou. Je regrettais de ne pas avoir emporté mon cahier de dessin. Adrien avait le corps d'un homme adulte. Quelques poils noirs sur la poitrine, davantage sous les bras. Théo aussi avait du poil sous les aisselles.

– Si on allait nager, a-t-il proposé.

Adrien a tiré son pied contre lui, comme pour le protéger. Il a entouré ses genoux de ses bras et secoué la tête :

– Allez-y tous les deux, si vous voulez.

J'ai lancé un regard mauvais à Théo, qui a compris sa bourde.

– Non, a-t-il fait. Une autre fois.

Pour Théo, la moto était une source d'émerveillement intarissable. Chaque soir, il y allait de son petit commentaire.

– Sacrée belle machine ! s'exclamait-il en guise d'entrée en matière.

Adrien l'approuvait.

– C'est difficile à conduire ?

Théo mourait d'envie de l'essayer, ça crevait les yeux.

– Non, pas vraiment.

Adrien pouvait être affreusement obtus quand il le voulait. Il démarrait la moto, l'enfourchait et s'éloignait avec un signe de main.

Un jour, n'y tenant plus, Théo est allé droit au but :

– Je parie que je pourrais la conduire.

Sa voix vibrait d'espoir. Quand il avait une idée dans la tête, il n'en démordait pas. Il a imploré Adrien :

– S'il te plaît, donne-moi une leçon de conduite.

Curieuse et jalouse, je me suis faufilée devant Théo pour examiner le démarreur, les vitesses, le réservoir d'essence.

– Tu m'empêches de voir ! a protesté mon cousin.

Il m'a poussée pour prendre ma place aux côtés d'Adrien.

– Comment tu changes les vitesses ? S'il te plaît, laisse-moi la conduire jusqu'au bout du chemin.

Je suis allée m'adosser contre le garage et j'ai regardé Adrien claudiquer derrière Théo, qui roulait lentement sur le chemin de terre. Il lui criait des instructions par-dessus le vacarme du moteur. Théo et Adrien. Adrien et Théo.

– Encore un peu ! a crié Théo.

Adrien a jeté un coup d'œil par-dessus son épaule et m'a vue, le dos voûté, l'air dépité. Il a repris sa moto à Théo, qui l'a remercié d'une tape dans le dos. Soudain, j'ai eu envie que mon cousin attrape la scarlatine, ou qu'il ingurgite de la mort aux rats.

– Monte ! m'a lancé Adrien. Tu devras te contenter de la place de passager, jusqu'à ce que tu sois un peu plus costaud.

J'ai grimpé maladroitement derrière lui et cherché à tâtons où poser mes pieds.

– Tiens-toi bien, m'a-t-il recommandé.

Je me suis accrochée à sa ceinture et nous avons redescendu l'allée. Lorsqu'on a tourné sur la route, j'ai empoigné sa chemise. La moto a remonté Hill Street en rugissant, laissant derrière elle les maisons des voisins. En voyant la ville s'étaler en contrebas, j'ai été prise de vertige. J'ai enlacé la taille d'Adrien lorsqu'il a quitté Hill Street pour un chemin de terre bordé de prés où paissaient des vaches. Un nuage de poussière s'élevait dans notre sillage. J'ai collé mon visage contre son dos et respiré son odeur : un mélange de savon, d'amidon et de sueur d'été. J'étais étourdie. À un carrefour en T, Adrien a ralenti et s'est arrêté. Il a posé un pied à terre. Je l'ai lâché à contrecœur. Soutenant la moto avec sa jambe valide, il s'est tourné vers moi :

– Ça va ?

– Mm-mh ! ai-je répondu en hochant la tête.

J'ai tenté de prendre un air indifférent, malgré mes yeux exorbités.

Obsédée par le souvenir du dos d'Adrien, la forme de ses muscles, je pouvais à peine parler.

– J'ai cru que tu avais peur, à voir comment tu t'accrochais.

– Mm-mh !

J'ai secoué la tête et étudié le contour de la barbe d'Adrien, qu'il rasait chaque matin. Nos yeux se sont croisés. Ceux d'Adrien, gris-vert, me faisaient penser à une photo de tempête en mer que j'avais vue un jour. Avant qu'il ne se détourne, j'ai surpris son expression perplexe. Comme s'il avait senti que la situation avait quelque chose d'irréel.

Adrien a décrit un grand virage et pris le chemin du retour. De nouveau pressée contre lui, j'ai eu l'envie d'écraser ma bouche contre son dos. Pouvait-il deviner ma poitrine naissante ? Je l'espérais presque. J'ai tourné la tête et mes lèvres ont effleuré sa chemise.

Adrien a coupé le contact devant le portail. Je suis descendue et je suis restée plantée sur la route, près de lui.

– Je dois y aller, maintenant ! a-t-il annoncé, un peu trop brutalement à mon goût.

J'ai hoché la tête et je l'ai contemplé sans sourire, les mains dans les poches, les épaules voûtées. Il a passé une main dans ses cheveux ébouriffés. Je le dévorais des yeux.

Adrien a froncé les sourcils et s'est détourné pour me donner ses consignes :

– Lisez les leçons du livre marron jusqu'à la page vingt-cinq et essayez de résoudre les cinq problèmes suivants. On a encore du pain sur la planche pour te remettre à niveau.

Il a redémarré la moto et fait rugir le moteur avant d'ajouter :

– Donne un coup de main à Théo. Il faut qu'il travaille davantage.

Après son départ, je suis montée dans ma chambre, les genoux tremblants, et je me suis jetée sur mon lit. Presque aussitôt, Théo est venu cogner à ma porte. Il a fait irruption dans la pièce sans attendre ma réponse :

– Qu'est-ce qui t'arrive ?

– Rien.

– Alors, arrête de t'immiscer entre Adrien et moi. Tu essaies de l'accaparer.

Je n'ai pas répondu. Je sentais encore le corps d'Adrien contre le mien.

– Tu es malade ?

– Oui.

Théo s'est approché, soudain inquiet. J'ai fermé les yeux, laissant un délicieux frisson me parcourir.

Mon cousin a foncé alerter mes sœurs.

14

Camille est arrivée en courant avec un thermomètre. Ma température était normale, mais ma sœur m'a contrainte de rester au lit jusqu'à ce que Marietta m'examine. Aussitôt rentrée à la maison, celle-ci s'est précipitée dans ma chambre. Elle a posé une main fraîche sur mon front.

– Qu'est-ce qui ne va pas ? Il t'est arrivé quelque chose ? On dirait que tu as reçu un choc. Théo m'a dit que tu avais fait un tour sur la moto d'Adrien. Apparemment, c'était trop d'émotions.

Je suis restée allongée toute la nuit sans dormir. J'avais mal à l'intérieur de moi, désirant une chose que j'étais incapable de décrire. Le lendemain matin, j'étais déchirée entre l'envie de rester au lit, seule, et celle de souffrir en silence auprès d'Adrien. Il ne saurait jamais ce que j'éprouvais pour lui, puisqu'il me prenait pour un garçon.

J'ai fini par sortir de mes draps moites.

– Retourne te coucher ! m'a ordonné Marietta en tâtant mon front avec le dos de sa main. On ne prend aucun risque.

– Je ne suis pas malade.

Ma voix était rauque et mes yeux trop brillants. Marietta, intraitable, m'a renvoyée au lit. Puis elle a ordonné aux jumelles de m'attacher si nécessaire, et de téléphoner à notre mère en dernier ressort.

– Si tu n'as pas de température en fin d'après-midi, tu pourras te lever. Bois un peu de ginger ale[3].

– Ce n'est pas toi qui commandes !

– Si, justement ! a rétorqué Marietta en passant la porte. Je téléphonerai à midi.

Sur ces entrefaites, j'ai entendu pétarader la moto d'Adrien et j'ai bondi de mon lit pour courir à la fenêtre ouverte. Théo, qui l'attendait, a aidé notre précepteur à garer son engin. Marietta est sortie dans la cour. J'étais trop loin pour bien entendre ce qu'elle disait, mais j'ai compris qu'elle parlait de moi et de ma prétendue maladie. Adrien a hoché la tête avec compassion. Marietta a ensuite évoqué son travail à l'hôpital. J'ai eu un pincement de jalousie quand il lui a tapoté le bras. Puis il s'est éloigné en boitant vers le fond du jardin, en compagnie

3. Boisson gazeuse à base de gingembre.

de Théo. Marietta, debout dans l'allée, l'a regardé partir. Elle a effleuré doucement le bras qu'il venait de toucher.

Je suis retournée au lit, où j'ai passé la matinée à rêvasser. L'air était lourd. J'avais chaud, mais je n'avais pas de fièvre. Cette fois, c'était différent : un mélange d'excitation et de désir ardent. Ma peau me picotait. J'avais besoin qu'on la touche pour l'apaiser.

Les jumelles m'ont apporté mon déjeuner dans ma chambre. Elles ont pris ma température. Après avoir longuement débattu, elles ont conclu qu'elle était normale, voire trop basse. Elles m'ont commandé de rester couchée et sont retournées à leurs tâches ménagères.

J'ai attendu qu'elles soient en bas pour m'habiller. Pendant qu'elles se débattaient avec un drap coincé dans le tambour de la machine à laver, je suis sortie subrepticement de la maison.

Adrien et Théo n'étaient pas dans le jardin. Ils devaient être au bord de l'étang. Je les ai croisés au pied de l'arbre éléphant. Ils prenaient le chemin du retour.

– La journée d'école est finie, a déclaré Adrien.

Sa voix chantait dans mes oreilles comme la plus douce des musiques. Hélas ! c'est à peine s'il m'a accordé un regard.

– Il va me laisser aller sur la route avec sa moto ! a braillé Théo.

Adrien a continué sans s'arrêter.

– Viens, ne traîne pas !

Il ne m'a pas demandé comment j'allais. Il ne m'a même pas regardée. Mortifiée, je l'ai rattrapé pour l'interroger :

– Et mon travail ? Tu ne t'occupes pas de moi ?

Adrien s'est arrêté, piégé. Il a chargé Théo d'aller vérifier le niveau d'essence dans le réservoir. Puis il m'a étudiée un instant, l'air inquiet, et m'a dit gentiment :

– Excuse-moi, Jules. Tu as l'air épuisé. Marietta m'a dit que tu te remettais seulement de ta scarlatine.

Craignant de fondre en larmes, j'ai fixé mes pieds.

– Je vais bien maintenant.

– Je suis ravi de l'entendre. Est-ce que tu me permets de te donner un conseil ?

Adrien s'est éclairci la gorge et s'est mis à bégayer, comme s'il butait sur les mots.

– Je… tu sais. Je pense que tu… tu devrais essayer de… de t'endurcir un peu.

J'ai senti mes joues s'embraser.

– Tu comprends ce que je veux dire ? Tu ne voudrais pas que les gens te prennent pour une mauviette, n'est-ce pas ?

– Adrien ! a crié Théo, qui revenait vers nous au pas de charge.

La tête basse, j'ai décapité des touffes d'herbe de la pointe du pied. Adrien a enchaîné d'une voix bourrue :

– Enfin, fais ce que tu peux. En attendant, tu devrais retourner au lit jusqu'à ce que ta sœur rentre à la maison. Elle te remettra d'aplomb.

La surprise me laissait sans voix. Quel malentendu ridicule ! Quelle honte !

J'ai regardé Adrien s'éloigner en boitant, son épaule contre celle de Théo. Je le détestais ! J'ai cherché quelque chose à lui balancer dans le dos. Finalement, je me suis traînée derrière eux, aveuglée par les larmes. J'ai remarqué que Théo boitait légèrement. Il a fait volte-face et m'a lancé d'un ton suffisant :

– Tu as entendu ce qu'on t'a dit ? Va te coucher !

Théo triomphait. Il avait enfin Adrien pour lui seul. Enfin l'occasion de rester entre hommes. Il est reparti en boitant de l'autre jambe, plus franchement.

J'ai ralenti l'allure, renonçant à les suivre. Adrien s'est retourné à son tour et m'a dit avec douceur :

– Vas-y, Jules. Tu te sentiras mieux demain.

Ils se sont affairés un moment autour de la moto avant de la démarrer. Adrien est monté derrière Théo, qui a foncé dans l'allée avec son passager. Au lieu de rentrer, j'ai pris la direction de l'étang. J'ai essuyé mes joues trempées d'un revers de main et reniflé plusieurs fois. Pour ne plus entendre la moto rugir sur la route, je me suis mise à courir, au risque de trébucher sur les racines et de m'étaler dans la poussière.

Arrivée au bord de l'eau, je me suis assise sur l'herbe et j'ai fait la chasse aux moustiques en pestant contre la chaleur, en maudissant Adrien et la raison qui m'avait obligée à prendre ce déguisement. J'ai retiré mes bottes, puis mes chaussettes, et roulé les jambes de mon pantalon jusqu'aux genoux. Lorsque j'ai plongé mes tibias dans l'eau, mes poils blonds ont pris une teinte plus foncée. J'ai relevé mes manches et défait les premiers boutons de ma chemise. Des effluves de transpiration m'ont arraché une grimace. Pour chasser l'odeur, je me suis aspergé les aisselles à travers ma chemise. Comme elle était trempée, je l'ai retirée et étendue sur l'herbe. En maillot de corps, je me suis allongée sur les coudes et j'ai contemplé les nuages noirs qui planaient comme une menace au-dessus des arbres.

J'ai pensé à Béatrice et son mari David. Je tentais d'imaginer ma sœur souffrant à cause de David. Puis je me suis rappelé comment Marietta avait regardé Adrien le matin. Je me suis sentie vaincue.

La chaleur était insupportable. Dans le lointain, le tonnerre grondait. J'ai détaché ma ceinture et déboutonné mon pantalon pour le retirer, ainsi que ma culotte. L'herbe sèche me piquait les fesses. Je me suis mise debout pour ôter mon maillot de corps. En étalant mes vêtements autour de moi, j'ai remarqué le livre d'Adrien, *Émile*. Il l'avait oublié dans les hautes herbes.

Je suis allée le ramasser et je l'ai ouvert. Sur la page de garde était inscrit son nom : Adrien R. Hope. Je l'ai porté à mes lèvres avant de lire la suite : Université du Queens. III Lower Union Street, Kingston. J'ai frotté le livre contre ma poitrine nue et un frisson m'a traversée.

Prise de culpabilité, j'ai reposé le livre dans l'herbe. Au loin, la moto produisait un léger grésillement dans l'air.

J'ai grimpé sur un rocher et plongé dans l'étang. L'eau, qui jaillissait d'un torrent souterrain, était glacée. J'en ai bu des gorgées entières, que j'ai recrachées en bavant. J'ai plongé plusieurs fois la tête sous la surface. En ressortant à l'air libre, je m'ébrouais comme un chien.

Quand il s'est mis à pleuvoir, j'ai basculé la tête en arrière, la bouche ouverte, pour boire les gouttes énormes qui me giflaient le visage.

Peu après, transie de froid, j'ai nagé jusqu'à la rive. La pluie était plus chaude que l'eau de l'étang. Debout dans l'herbe rêche, j'ai ouvert grands les bras et fermé les yeux. Soudain, j'ai pensé que mes vêtements allaient être mouillés. « Et le livre d'Adrien ! »

En rouvrant les yeux, je me suis retrouvée nez à nez avec son propriétaire. Je me suis figée.

Adrien, bouche bée, me regardait à travers les fourrés, tel un explorateur aux yeux exorbités. Le vaillant Cortez, trompé par les autochtones, choqué, mortifié.

– Je… Je… Je…

Livide, atterré, il a reculé d'un pas et manqué de trébucher. La pluie ruisselait sur ses joues. Je me suis accroupie précipitamment, vaine tentative pour disparaître de son champ de vision.

– Mon… mon… mon… livre ! a-t-il fini par bégayer.

J'ai envisagé un instant de lui proposer une explication. Mais laquelle ? Prétendre que j'étais la sœur jumelle de Jules, une folle échappée du grenier ? J'ai croisé les bras sur ma poitrine, piètre couverture, et senti un rire dément bouillir dans mes entrailles. Il s'est bientôt échappé en hoquets, déchirant le silence.

Adrien était écarlate, incrédule.

J'avais l'impression que mon rire ne cesserait jamais. Un rire de folle ! J'ai couru ramasser mes habits en titubant. Pour tenter de me calmer, j'ai enfoncé ma chemise dans ma bouche et des larmes ont jailli de mes yeux. J'ai failli m'étouffer. C'était irrépressible.

Mes vêtements étaient trempés. De toute manière, j'étais incapable de les enfiler.

Quand j'ai relevé la tête, Adrien était parti.

J'ai repris mon souffle par petites bouffées. J'ai enfoncé les poings dans les manches collantes et réussi à enfiler ma chemise, que j'ai nouée sur le devant. J'ai répété l'opération avec mon pantalon, allant jusqu'à fermer le bouton et attacher la ceinture. J'étais encore secouée, à intervalles réguliers, par des hoquets silencieux. En fourrant ma culotte dans ma poche, j'ai remarqué une tache sombre qui m'a intriguée. J'ai récupéré *Émile* et essuyé du bras sa couverture gondolée.

J'ai abandonné mes chaussures et mes chaussettes derrière moi : elles étaient à Théo, et trop grandes pour moi. J'ai retraversé le bois pieds nus, courbée en deux, le ventre noué. Alors que je franchissais la clôture, une pierre coupante m'a égratigné le côté du pied. Au même moment, j'ai aperçu Marietta qui rentrait du travail et courait se mettre à l'abri. J'ai hurlé son nom dans un sanglot.

Je me débattais en hurlant pour franchir la clôture quand j'ai senti ma sœur m'enlacer, me soutenir. Quelque chose de chaud coulait à l'intérieur de ma cuisse. « Oh, non ! Quoi, encore ? »

Marietta m'a entraînée dans la maison. Après m'avoir séchée, réchauffée, rassurée, elle m'a annoncé que j'étais une femme à présent. Elle m'a expliqué en détail ce qui m'arrivait, mieux que ne l'avait fait Adèle, puis elle m'a donné des garnitures en m'indiquant comment les utiliser. Théo a fait irruption dans ma chambre, mais Marietta l'a chassé. Le soir, Camille et Jeanne sont allées au cinéma. Marietta a téléphoné à Adèle, qui s'est demandé si elle devait rentrer.

– Inutile, lui a dit Marietta. Ce n'est pas la fin du monde. Juliette s'en sortira, comme tout le monde.

J'ai enfilé un pyjama et une vieille robe de chambre en flanelle, et je suis allée me pelotonner sur le canapé du salon. Cachée derrière le journal, je lisais distraitement les articles sur la guerre en écoutant Marietta d'une oreille. La voix d'Adèle, qui s'échappait du récepteur, ressemblait à un caquètement.

– On verra, a dit doucement Marietta. On a des tas de vêtements ici. Si rien ne lui va, on ira faire les magasins.

J'étais trop fatiguée pour me demander quel rôle je jouerais le lendemain.

Théo paressait à l'autre bout du sofa. Les pieds sur l'ottomane, il faisait semblant de lire le catalogue Eaton et me lançait de temps à autre un coup d'œil furtif. Quelles pages étudiait-il, cette fois ? Un jour, je l'avais surpris en train d'examiner avec intérêt les soutiens-gorge. Il avait rougi.

Dans l'après-midi, Marietta lui avait expliqué les choses de la vie. J'avais écouté à la porte de sa chambre – anciennement celle de Vanessa – et j'avais entendu mon cousin protester :

– Tais-toi ! Je déteste ces trucs-là. D'ailleurs, je suis déjà au courant.

Incapable de résister, j'avais passé une tête dans l'embrasure et crié :

– Menteur !

Théo m'avait lancé un regard furibond, chargé de reproches. Comme si j'avais tout gâché, sali son conte de fées. Je n'étais plus une sirène : j'avais des jambes poilues et des grands pieds qui sentaient mauvais.

Théo a posé le catalogue sur ses genoux avec un soupir satisfait. Il s'aimait comme il était. Parfait. Il s'est tourné vers moi et j'ai lu de la pitié dans ses yeux. Puis il a reporté son attention sur le catalogue, feuilletant les pages consacrées aux chaussures de chantier.

Je suis allée me coucher, épuisée.

Le téléphone a sonné. Marietta est allée répondre. Quelques minutes plus tard, elle a crié dans l'escalier :

– Pas de leçons pendant quelques jours. Adrien est souffrant.

Après un silence prudent, j'ai demandé, tendue :

– Il a parlé de moi ?

– Non, pourquoi ? a fait Marietta. C'est toi qui l'as rendu malade ?

Je n'ai pas répondu.

Une semaine a passé sans qu'on ait de nouvelles d'Adrien. Marietta se demandait s'il allait mieux. On a essayé de téléphoner chez lui, à Oxford Landing, mais l'opératrice nous a répondu que les Hope n'avaient pas le téléphone. Ils utilisaient celui d'un voisin en cas de besoin.

– Comment le sait-elle ? me suis-je étonnée.

– Les opératrices savent tout, a répliqué Marietta. Comme Dieu.

J'adorais Adrien et je le détestais en même temps. Il m'avait vue entièrement nue. Il avait entendu mon rire dément. Si je le revoyais, je risquais de piquer une nouvelle crise.

Je portais les sous-vêtements que Marietta m'avait achetés, sous une blouse à manches courtes toute neuve. Par contre j'avais refusé de me séparer de mon pantalon et je marchais encore les mains dans les poches, le dos arrondi.

Septembre approchait et nous étions toujours sans nouvelles d'Adrien. Ce silence m'était insupportable. Il fallait que je le voie, que je lui explique… au moins que je lui laisse un message. Un après-midi, juste après le déjeuner, je suis allée prendre ma bicyclette dans le garage. J'ai mis mon matériel de dessin dans le panier et annoncé à mes sœurs que je partais faire des croquis.

Il m'a fallu presque deux heures pour arriver à Oxford Landing. Au bas d'une colline, au détour d'un virage, j'ai enfin découvert le village. Cachée derrière des ormes massifs, une demeure majestueuse semblait épier les allées et venues dans la rue principale. Par cet après-midi brumeux, j'étais la seule passante. Les fenêtres scintillaient et je me sentais observée. Une église se dressait à côté de la maison. Non loin de là, j'ai découvert d'autres maisons, ainsi qu'une boutique abritant un bureau de poste. J'allais pouvoir demander où vivait Adrien Hope.

Je suis descendue de bicyclette et je l'ai poussée jusqu'au magasin. Je l'ai abandonnée contre un poteau télégraphique avant d'entrer. La boutique, entièrement meublée de bois sombre, m'évoquait l'intérieur d'un arbre. Un homme était debout derrière un guichet. Il a jeté un coup d'œil par-dessus son épaule avant de retourner à sa tâche, qui consistait à récupérer un paquet sur une étagère avec une perche. Une cliente, coiffée d'un chapeau à fleurs, était juchée sur un haut tabouret devant le guichet. Elle a oublié un instant sa liste de commissions pour détailler avec une moue dédaigneuse mes cheveux courts en bataille, ma blouse imprimée et mon pantalon. Elle s'est tournée vers l'employé en haussant les sourcils.

– Puis-je vous aider ? m'a demandé l'homme.

– Euh... Je voudrais savoir où...

Soudain, une pensée m'a frappée : « Et si cette femme était la mère d'Adrien ? J'en mourrais de honte. »

– Euh... Non, merci, ça va !

Je me suis dépêchée de sortir et j'ai enfourché ma bicyclette. J'ai dû me concentrer sur la route pour rouler droit. Quand j'ai relevé les yeux, j'ai aperçu Adrien devant la grande maison. Il me regardait fixement, sans sourire.

Le voir m'a coupé le souffle. J'ai posé un pied à terre de crainte de perdre l'équilibre et sauté à cloche-pied pour m'arrêter. Le guidon a glissé dans ma main moite et m'a échappé. Le vélo est tombé, des pastels ont jailli de leur boîte et se sont éparpillés tout autour. Mes feuilles de papier à dessin ont atterri dans la poussière. Si Adrien ne m'avait pas encore prise pour une cruche jusque-là, ce devait être chose faite.

Il m'a aidée à ramasser mes affaires en évitant soigneusement mon regard. Sa main a effleuré la mienne et ça m'a fait comme une décharge électrique.

Une enveloppe cachetée qui lui était adressée gisait sur la route entre nous. Je l'ai ramassée :

– Tiens, c'est pour toi.

Pour masquer mon embarras, j'ai entrepris d'épousseter mon bloc, mais la terre s'écrasait au contact de ma main et barbouillait les feuilles.

Adrien a ouvert la lettre.

– Lis-la !

J'aurais pu la réciter par cœur : « Cher Adrien (je m'étais retenue d'écrire «Adrien chéri»), Je suis désolée d'avoir ri. C'était plus fort que moi. Je n'étais pas moi-même (cette phrase était raturée, car aussitôt après l'avoir écrite, j'étais partie d'un fou rire incontrôlable). Tu dois nous trouver bizarres, ma famille et moi, d'avoir voulu me faire passer pour un garçon. Crois-moi, j'avais une bonne raison pour cela. Je te la dirai peut-être un jour mais, en attendant, tu dois me faire confiance. On voudrait que tu reviennes (j'avais employé le pluriel par prudence). On a besoin de toi. Je te promets de ne plus jamais t'embarrasser. »

Après avoir longuement hésité, j'avais signé en retenant mon souffle :

«Ton élève qui t'aime,

Juliette. »

En post-scriptum, j'avais ajouté : «Tu n'es plus obligé de m'appeler Jules. »

Adrien a pris son temps pour lire la lettre. Après quoi, il a soupiré et m'a regardée dans les yeux. Il ne souriait toujours pas.

– Ne sois pas fâché, ai-je murmuré.

– Comment devrais-je réagir ? Tu t'es moquée de moi.

– Je ne me suis pas moquée de toi. C'était tout sauf une plaisanterie.

– Pourquoi as-tu fait ça ?

– J'avais chaud. J'avais envie de nager.

Il m'a interrompue avec un geste impatient.

– Pourquoi ? a-t-il répété entre ses dents. Pourquoi as-tu fait semblant d'être un garçon ?

Il s'est détourné. J'ai réfléchi à toute vitesse : « Est-ce que j'essaie de lui expliquer ? »

La femme de la poste venait vers nous avec son cabas bosselé, l'œil réprobateur. Adrien lui a fait un signe de tête. Elle l'a imité en pinçant les lèvres.

– N'étrangère ! l'a-t-on entendue grommeler.

– On peut s'asseoir quelque part ? ai-je demandé.

Nous nous sommes installés dans des fauteuils en rondins, sur la pelouse devant la grande maison. Ma bicyclette était couchée dans l'herbe près de moi. Adrien nous a apporté des verres de thé glacé et je me suis lancée :

– Il m'arrive de voir des choses qui vont se produire…

Il a attendu la suite.

– C'est-à-dire que… Je vois parfois des fragments, des formes qui dessinent un motif. Ce motif m'attire. Je ne peux pas m'empêcher de le fixer et il me révèle quelque chose. Des choses que je ne veux pas savoir. Il annonce une catastrophe. Mais pas toujours. Quelquefois, il s'agit d'argent. Ou alors, je vois quelqu'un tomber d'un arbre… ou une personne disparue…

J'ai coulé un regard vers lui. Il était attentif.

– Comme une voyante ?

– Oui, en quelque sorte.

Il a longuement réfléchi. Puis il s'est éclairci la gorge :

– Ce n'est pas un peu tiré par les cheveux ?

– Peut-être…, ai-je admis.

– Et ça ne me dit pas pourquoi tu as fait semblant de… Pourquoi tu t'es habillée comme un… même si…

J'ai plongé l'index dans mon verre pour agiter les glaçons.

– Ce n'est pas tout, ai-je dit en léchant mon doigt.

J'allais devoir lui raconter toute l'histoire. Évoquer mon arrière-grand-mère. Lui expliquer que j'étais la septième fille d'une septième fille et que je tentais d'échapper à mon destin.

Lui parler de Lucie.

Il m'a écoutée débiter mon histoire à dormir debout sans me regarder une seule fois.

– Il faut être inconscient pour laisser ses enfants croire à ces sottises. À ces superstitions d'un autre âge, a-t-il commenté lorsque je me suis tue.

– Mais ça a marché, ai-je protesté.

– Qu'est-ce qui a marché ?

– Je ne vois plus de motifs dans les choses.

J'ai souri et regardé les brins d'herbe, les branches d'arbre en forme de Y, les nuages qui s'effilochaient dans le ciel, et j'ai conclu :

– Je suis libre.

– Tu prétends que tu as hérité ce… ce « don » de ton arrière-grand-mère ?

– C'est plutôt un handicap.

– En admettant que ce soit vrai, réfléchis : et si c'était autre chose. Par exemple, une voix magnifique. Imagine que tu puisses imiter les violons, une flûte, briser du cristal avec une note aiguë. Foudroyer des bêtes sauvages rien qu'en parlant.

J'ai attendu. Je ne voyais pas où il voulait en venir.

– Tu crois que tu pourrais te débarrasser de ce don par la seule force de ta volonté, en faisant comme s'il n'existait pas ?

– Je pourrais chuchoter. Refuser de parler.

J'ai regardé mon verre couvert de buée. Je commençais à comprendre. C'était comme mes yeux noirs : j'aurais beau les fermer, ils seraient toujours noirs derrière mes paupières.

– Tu as peut-être simplement une imagination très vive…

J'aurais voulu le croire. Découvrir que je m'étais trompée, que je n'avais pas de sixième sens. Que j'étais aussi normale que n'importe qui.

– Tu as beaucoup d'imagination et peut-être que tu éprouves aussi une légère angoisse. Tu as peur de l'avenir, et cela te donne l'impression que tu peux prévoir les évènements.

Dubitative, je lui ai parlé de Mme Musgrove et des feuilles de thé. De la fortune dont elle avait hérité. Adrien avait ramené les pieds sur la chaise. Son pied infirme était tourné vers l'intérieur et ses bras enlaçaient ses genoux. J'ai pris la même position.

– C'est le hasard, a-t-il dit.

J'ai fait l'effort de le croire. Adèle m'avait dit la même chose, mais les paroles d'Adrien avaient davantage de poids.

– Oui…, a-t-il repris.

Il a reposé les pieds par terre et s'est penché en avant, la mine sérieuse.

– Tu t'es prêtée au jeu, tout simplement. On t'a donné le rôle de la diseuse de bonne aventure et tu l'as endossé. Tu as dit la première chose qui t'est passée par la tête. N'importe qui en aurait fait autant. Les gens rêvent tous de devenir riches. Les voyantes le savent bien. Elles disent à leurs clients s'ils vivront vieux, s'ils auront de l'argent, et si…

– S'ils tomberont amoureux, l'ai-je coupé.

Nos yeux se sont croisés un bref instant. Adrien s'est détourné pour enchaîner :

– Tout s'explique de façon rationnelle. Ton don de divination n'a pas disparu, car il n'a jamais existé. Tu vois ce que je veux dire ?

J'ai hoché la tête, souri et soupiré. Je suivais son raisonnement.

– Je ne comprends pas ta famille, a-t-il ajouté. Pourquoi ta mère et tes sœurs t'ont laissée faire semblant d'être un garçon ? Et les autres gens ? Ils n'ont pas trouvé ça un peu… saugrenu ?

– Si. Mais ils m'ont traitée avec indulgence. Ils me croient un peu fêlée… Ils ont sans doute raison.

Adrien a paru surpris.

– Fêlée, je ne crois pas, a-t-il dit en esquissant un sourire. Mais c'est sûr que tu es différente.

Pendant tout le trajet du retour, je me suis souvenue de cette ébauche de sourire.

« C'est sûr que tu es différente », me répétais-je en pédalant dans les côtes, en dévalant les pentes. «Tu es différente et je t'aime », ai-je complété plusieurs fois, à voix basse.

15

Adrien est venu nous donner les dernières leçons qu'il avait préparées pour nous. Je portais une robe bain de soleil qu'Adèle m'avait achetée chez Simpson, à Toronto, à la fin de son séjour chez Béa. Ma mère était tellement soulagée de me savoir redevenue fille qu'elle s'était lâchée.

– Elle est un peu trop décolletée pour être tout à fait convenable, avait-elle commenté lorsque je l'avais enfilée. Mais enfin, elle est achetée, payée. Je n'y peux plus rien.

Je me délectais de son regard approbateur. Hormis mes cheveux en bataille, mon apparence lui convenait. Elle ne m'a pas interrogée sur la raison de mon retour à la normale. Elle devait se dire que c'était lié à mes règles. Je ne l'ai pas détrompée. D'après Adrien, je n'avais pas de don de voyance, mais une imagination très fertile, et j'avais été troublée par de simples coïncidences. Et si Adrien le croyait, alors, je le croyais aussi.

Affalée sur une chaise au fond du jardin, j'ai posé un pied sur mon genou, comme j'en avais pris l'habitude, avant de me raviser. Théo me regardait me débattre avec ma jupe, tenter de couvrir mes jambes. Il s'est même penché légèrement pour jeter un coup d'œil dans mon décolleté. Je me suis détournée et j'ai écouté Adrien nous parler de thermodynamique, aussi captivée que s'il avait récité des poèmes d'amour.

Quand il nous a quittés pour retourner à l'université, je me suis de nouveau sentie malade. Je souffrais d'amour, de solitude. Adèle m'obligeait à rester au lit presque toute la journée. Elle m'a acheté des toiles et de la peinture. Rassurée d'apprendre que ce n'était pas une rechute de la scarlatine, elle m'a laissée passer les après-midi à peindre.

Théo est retourné à la ferme. Il allait bientôt entrer au lycée. J'ai refusé d'y aller. Pas question de retrouver mes anciennes camarades de classe, après ce qu'elles m'avaient fait subir en huitième. Curieusement, Adèle n'a pas insisté. Elle m'a inscrite à un cours par correspondance dont lui avait parlé une amie.

Je suis donc restée à la maison. J'étudiais le matin et je peignais l'après-midi, tout en m'efforçant de rester dans les bonnes grâces d'Adèle. Faire semblant d'être un garçon avait été puéril. Je le comprenais maintenant. Ça n'avait servi à rien.

Des trains chargés de soldats traversaient régulièrement Kempton Mills pour rejoindre Halifax et l'océan Atlantique. Leur vacarme me réveillait en pleine nuit. L'après-midi, je levais les yeux de mes peintures et j'écoutais le sifflement lugubre des locomotives.

Nous avons préparé le mariage de Vanessa. Adèle a retrouvé la liste des gens invités aux noces de Béatrice. Elle y a ajouté quelques noms, en a biffé d'autres. Elle dressait aussi des listes de tâches à accomplir.

Adrien occupait tout mon esprit. J'aidais les bénévoles de la Croix-Rouge à préparer des colis de provisions, de chaussettes chaudes, de tabac, de gants, de tablettes de chewing-gum et de toques en tricot.

– Tu rêves éveillée, me taquinait souvent notre chef.

Les colis étaient chargés dans des véhicules qui les emportaient à la gare, où on les empilait dans un wagon. Je regardais les trains entrer en gare en crachotant, les visages souriants des soldats aux fenêtres. Mon cœur bondissait dans ma poitrine chaque fois qu'un jeune homme ressemblait à Adrien.

Peindre m'occupait. Je me bornais à faire des natures mortes : des bouteilles de verre, des pots en terre, des fleurs séchées, des saladiers de fruits. J'évitais les formes complexes, dans lesquelles un motif aurait pu apparaître.

Le mariage approchait. Béa est venue à la maison avec son petit William pour préparer la réception. Nos robes de demoiselles d'honneur étaient presque terminées. Elles ne demandaient plus qu'à être ajustées.

La veille du mariage, une cousine est venue aider Adèle à confectionner des sandwiches. Elle a amené ses deux enfants. Des petites horreurs.

– Juliette se fera une joie de les occuper, a déclaré Adèle avec un sourire innocent.

Nous nous sommes assis par terre dans le salon et j'ai proposé :

– Si on jouait aux dominos...

Les garnements ont secoué la tête avec des grimaces.

– Aux petits chevaux ?

– On déteste les petits chevaux !

– Au jeu de l'oie ? Aux puces ? À la bataille navale ?

Ils ont soupiré d'ennui et secoué la tête.

Remarquant que les gamins me donnaient du fil à retordre, Marietta s'est approchée. Elle a déclaré, péremptoire :

– Très bien. Alors, on joue au mikado.

Elle est allée chercher le jeu dans le placard et s'est assise avec nous. Après avoir rassemblé les bâtons dans une main, elle les a laissés tomber en tas informe. Les deux gamins, plus dociles en sa présence, ont joué chacun à leur tour pendant que je fixais les baguettes.

– À toi, Juliette ! m'a lancé Marietta, couchée par terre comme une enfant.

J'ai continué à fixer les bâtons. Plusieurs jaunes étaient tombés à l'écart. J'aurais pu facilement en prendre un. Mieux : un rouge à dix points était posé sur le dessus de la pile. En appuyant délicatement un doigt à l'extrémité, je devais pouvoir le récupérer. Mais soudain, j'ai senti ma température monter en flèche et des gouttes de sueur perler sur mon front.

– Prends ton temps, surtout ! m'a taquinée Marietta.

Allongée sur le dos, les mains derrière la tête, elle a fait semblant de ronfler. Les enfants ont pouffé et l'ont imitée.

La sueur me picotait les aisselles et dégoulinait le long de mes côtes. Une douleur sourde cognait dans mes tempes et mes oreilles s'étaient mises à bourdonner. Je n'entendais plus rien. Marietta s'est redressée. Ses bras étaient toujours derrière sa tête et ses coudes saillaient sur les côtés, telles des ailes. Sa bouche a formulé une question et ses yeux ont soudain changé d'expression, passant de l'impatience moqueuse à l'anxiété. Puis le contour de sa silhouette est devenu tout noir, comme une esquisse au fusain. J'ai vu à travers un brouillard les enfants reculer précipitamment, bouche bée. J'ai vaguement senti Marietta m'empoigner par les épaules pour me serrer contre elle.

Quand j'ai retrouvé l'usage de mes sens, j'ai entendu ma voix hurler quelque chose, annoncer une catastrophe, une mort prochaine, prononcer en sanglotant le nom de Marietta. Je me suis accrochée à elle et je l'ai serrée de toutes mes forces. Elle m'a caressé les cheveux. Les enfants nous jetaient des regards effrayés. Mes pleurs semblaient ne jamais vouloir se tarir. Des baguettes de mikado brisées gisaient tout autour de nous. Je les avais piétinées, effrayée par le motif qu'elles dessinaient.

Adèle et Béa sont arrivées en courant, alertées par mes cris.

– Ressaisis-toi, Juliette ! m'a lancé Adèle. Tu es à bout de nerfs. Prends une aspirine et file te coucher.

J'ai obéi. Je suis restée allongée sur mon lit en frissonnant, ma tête menaçant d'éclater. Je n'étais plus certaine d'avoir vu un motif dans le tas de baguettes de mikado. Je me rappelais seulement que j'avais été obligée de le détruire, comme pour détruire la mort elle-même. J'ai fini par m'endormir. À un moment, quelqu'un est entré dans la chambre pour me couvrir. Je suis restée au lit jusque tard dans l'après-midi. Quand je suis redescendue, tout le monde m'a demandé comment j'allais.

– Tu te sens mieux ? m'a interrogée Adèle. Tu dois avoir faim.

Personne n'a fait allusion à ma crise. À croire qu'il ne s'était rien passé d'extraordinaire.

– Souris, ma belle ! m'a lancé Marietta. Je suis vivante et en pleine forme. Tu ne vas pas te débarrasser de moi aussi facilement.

Mes sœurs au grand complet étaient à la maison et les occupations ne manquaient pas. Nous avons passé la soirée à cueillir des fleurs pour en faire des bouquets. Le lendemain matin, il a fallu disposer les minuscules sandwiches sur des plats élégants. Puis nous avons sorti le gâteau aux fruits confits à trois étages qu'Adèle avait confectionné pour le glacer de sucre. Tant que j'étais occupée, tant que je bavardais, j'arrivais à tenir mes démons à distance. Je commençais même à me demander si j'avais réellement eu une prémonition, et si elle était aussi terrible qu'il y paraissait. Comme les autres, j'étais absorbée par les préparatifs du mariage, soucieuse d'en faire une fête inoubliable.

C'était une belle journée. Les nuages du matin s'étaient dissipés avant midi. L'église était aux trois quarts pleine. Les femmes portaient des chapeaux de l'année précédente et la plupart des jeunes hommes étaient en uniforme.

Mes sœurs et moi avons remonté l'allée centrale en file indienne, dans nos robes de satin rose, le front ceint d'une couronne de fleurs. La mienne ne cessait de glisser, car j'avais peu de cheveux pour la maintenir en place. Pour la première fois de ma vie, je portais des chaussures à talons hauts. Elles me donnaient une démarche un peu chancelante, mais après les affreuses bottes de Théo, elles me semblaient aussi délicates que des pantoufles de vair. J'avais reçu la consigne d'avancer au pas en veillant à ne pas marcher sur les talons de Jeanne. Distraite, j'ai promené mes yeux sur la petite assemblée. David et le bébé William étaient au premier rang avec Adèle. Adrien était deux rangées derrière. Marietta avait insisté pour qu'on lui envoie une invitation et j'avais applaudi en silence.

J'ai repéré Théo, engoncé dans son costume neuf, fier comme un paon. Une ombre barrait sa lèvre supérieure. Il m'a fait un clin d'œil et j'ai failli rentrer dans Jeanne, qui s'était elle-même trop approchée de Camille.

«Théo a de la moustache, ai-je pensé. Il ne manquait plus que ça ! »

Les jumelles, Béa et moi sommes allées nous ranger d'un pas majestueux de part et d'autre de l'autel, face aux invités.

Marietta, demoiselle d'honneur, souriait aux anges comme si c'était elle la mariée. Elle nous a rejointes en bondissant avec son énergie habituelle.

Vanessa, au bras d'oncle John, était radieuse. Elle surveillait son monde d'un œil de lynx.

– Je veux un mariage parfait ! nous avait-elle prévenues le matin. Pas de bourdes, pas de croche-pied, pas de crises !

Elle m'avait regardée avant d'ajouter :

– Et pas de travestissements de dernière minute !

Adèle et mes sœurs avaient pouffé. Marietta m'avait donné un petit coup dans les côtes :

– Allons, déride-toi. Tu prends tout ça trop au sérieux.

À force d'essayer de sourire, j'y étais arrivée.

À cause des restrictions imposées par la guerre, la réception était frugale, mais délicieuse. Adèle y tenait. Il y avait du champagne, bien entendu, comme au mariage de Béatrice. « Et du punch à la framboise pour les enfants », avait précisé ma mère.

J'avais fait la sourde oreille.

Mes cheveux étaient encore courts, bien qu'ils aient considérablement repoussé. Jeanne, qui s'était chargée de ma coiffure, avait réussi à les faire friser. J'ai retiré ma couronne qui me donnait l'air d'une gamine.

La réception battait son plein. Je suis restée seule un moment au fond du salon, adossée aux portes-fenêtres. J'écoutais les invités bavarder sous la véranda :

– Adèle a de la chance avec ses gendres.

– Absolument. Ce sont deux hommes jeunes et vigoureux.

– Ils apportent un peu de stabilité à la famille.

– La petite dernière est difficile.

J'ai lancé un regard assassin par-dessus mon épaule. Un homme corpulent s'est raclé la gorge en me reconnaissant. Son interlocuteur, qui me tournait le dos, a enchaîné :

– Ils ne sont pas près de lui trouver un mari.

Une femme au teint cireux vêtue d'un tailleur mauve délavé – probablement son épouse – a ajouté :

– Adèle l'a trop gâtée ! Pensez-vous... la laisser se déguiser en garçon ! Quelle folie ! D'ailleurs, quand j'y pense, il y a une autre fille placée quelque part. On dit qu'elle n'a pas toute sa tête. Ce doit être une tare familiale.

Je me suis détournée. À l'entrée de la salle à manger, Adrien était en grande conversation avec Marietta. Elle a dit quelque chose qui l'a fait sourire, puis rire aux éclats. Il l'a prise par le coude et l'a entraînée vers les portes-fenêtres. En chemin, ils ont été interceptés par un groupe d'invités. Adrien avait grandi, ou alors il s'était étoffé. Il a jeté un coup d'œil dans ma direction et m'a souri. Nous n'avions pas encore eu l'occasion de discuter, seulement de nous saluer en sortant de l'église. Le témoin du marié s'est avancé vers Marietta. Il lui a passé un bras autour des épaules :

– Viens ! On a besoin de toi pour la photo.

Resté seul, Adrien est venu me rejoindre. Il s'est planté devant moi et m'a contemplée un instant en silence. Il s'est mordu les lèvres, l'air hésitant.

– Tu aurais eu du mal à faire croire plus longtemps à ton déguisement, a-t-il observé d'une voix calme.

J'ai regardé ailleurs.

– C'est un beau mariage, non ? ai-je lancé.

Il a terminé sa flûte de champagne.

– Les filles Kemp sont sublimes.

Adrien s'était arrêté à une petite distance de moi. Il a dû se rapprocher pour laisser passer quelqu'un. Il me fixait avec une curiosité évidente. J'ai soutenu son regard un certain temps, avant de baisser les yeux.

– Excuse-moi, a-t-il murmuré. J'ai encore du mal à m'habituer.

Une serveuse, qu'Adèle avait employée pour l'occasion, lui a proposé une coupe de champagne. J'en ai pris une aussi. Adrien a froncé les sourcils.

– J'ai le droit, ai-je menti.

Nous avons emporté nos verres dehors, où il faisait plus frais, et nous avons contourné la maison pour rejoindre le jardin. Des invités y discutaient au calme, en picorant des gourmandises sur de petites assiettes. Adrien est allé à la rencontre d'un groupe. Plusieurs hommes entouraient une grande et belle jeune femme, qui m'évoquait un superbe gâteau décoré de crème Chantilly. Elle se prénommait Alice et m'a souri avec condescendance, comme à une fillette. Je n'étais pas bien vieille, c'est vrai, mais tout de même : j'avais des chaussures à talon et des bas de soie.

Ils parlaient au-dessus de ma tête comme si je n'existais pas. En s'approchant d'Adrien pour lui offrir un sandwich, Alice m'a obligée à reculer d'un pas. J'ai remarqué que le regard d'Adrien s'attardait sur son décolleté.

Puis Théo est arrivé au galop, un appareil photo au poing. S'efforçant de tourner le dos au soleil, il commandait aux gens de se rapprocher et de dire « ouistiti ». Marietta est venue nous rejoindre avec deux assiettes, un grand sourire aux lèvres.

– Ne bouge plus ! lui a ordonné Théo. Je n'ai pas de photo de la demoiselle d'honneur.

Elle s'est arrêtée, les yeux plissés à cause du soleil. Son sourire semblait adressé à l'appareil, mais en fait, elle regardait Adrien. Elle lui a tendu une assiette de petits sandwichs triangulaires.

Plusieurs jeunes gens en uniforme ont intégré le groupe et la conversation a dérivé sur la guerre. J'ai essayé de me concentrer sur autre chose : le chant des rouges-gorges, une bourrasque emportant un chapeau. J'ai réussi à faire barrage aux mots pour ne plus percevoir que les intonations, le rythme des phrases. Des menaces, des promesses, des rires. Le staccato des victoires. Le murmure grondant des défaites. Lassée, je leur ai faussé compagnie et je me suis faufilée par le trou dans la palissade.

Arrivée au pied de l'arbre d'escalade, j'ai posé ma flûte de champagne sur un grand rocher plat. J'allais retirer mes chaussures qui me meurtrissaient les pieds, quand j'ai entendu un bruissement dans les fourrés.

Quelqu'un marchait sur le sentier. L'instant d'après, Adrien est apparu.

Il s'est immobilisé en me voyant, les bras ballants.

– J'avais peur que tu...

Il s'est interrompu. Craignait-il de me voir entamer une nouvelle transformation ?

– J'ai pensé que le champagne t'avait... chamboulée.

– Je ne suis plus un bébé ! ai-je protesté. J'ai presque quatorze ans.

Je me suis assise sur le rocher près de ma flûte vide. Ma jupe s'est étalée comme une rose autour de moi.

– Je sais, a-t-il répondu avec un sourire indulgent.

Il m'a pris par la main :

– Viens. Tu vas abîmer ta robe.

Après m'avoir aidée à me remettre debout, il m'a lâché la main. Nous nous sommes dirigés vers l'étang en boitant de concert. J'ai fait quelques pas et je me suis accrochée à son bras pour ôter mes chaussures. Il a paru surpris.

– Ne t'inquiète pas. Je n'ai pas l'intention de retirer le reste.

Il a esquissé un sourire ironique, mais son cou et ses oreilles s'étaient empourprés. Pour dissiper son malaise, il m'a bombardée de questions sur mes peintures, mes cours par correspondance. Je l'ai interrogé sur ses études à l'université avant de conclure :

– On pourrait s'écrire, si tu veux...

– Je ne saurais pas si je dois commencer mes lettres par « Chère Juliette » ou « Cher Jules ».

– Arrête !

– Je plaisante !

– Je supporte que les autres me taquinent, mais pas toi.

Adrien a croisé les bras, le menton reposant sur un poing.

– Qu'est-ce qui me rend si différent ?

J'ai fixé mes pieds et remarqué que j'avais troué mon précieux bas de soie. J'avais envie de répondre par une phrase mémorable. Le griser de mots d'amour. Au lieu de ça, j'ai croassé :

– Tu m'aimes bien ?

Il est resté immobile, les yeux écarquillés, la bouche entrouverte.

– Si je t'aime bien ? Évidemment. Comment peux-tu en douter ?

Il a souri.

J'ai continué à le fixer. Je voulais l'ensorceler. Soudain sérieux, il m'a rendu mon regard. Il semblait hypnotisé. J'aurais voulu qu'il s'approche. Qu'il m'embrasse.

Une branche d'arbre a craqué, rompant le sortilège.

– Ouille ! a fait la voix de Théo.

Il est arrivé une seconde plus tard en compagnie de Marietta. Adrien a regardé autour de lui avec l'air hagard d'un homme réveillé en sursaut.

Mon cœur battait la chamade, j'avais les lèvres entrouvertes. J'ai reculé. Je comprenais ce qu'on doit ressentir quand on meurt de faim.

Nous sommes restés plantés les uns en face des autres, embarrassés. Marietta avait pâli, comme si une lumière s'était éteinte et l'avait privée de couleurs. Théo a brandi l'appareil photo :

– Le petit oiseau va sortir ! a-t-il dit d'un ton bourru.

Marietta nous a prévenus que les discours allaient bientôt commencer. Elle n'avait pas sa voix habituelle et son expression était morne, résignée. Elle a fait volte-face pour regagner le jardin, d'abord en marchant, puis en courant. J'ai commencé à courir derrière elle, mais je me suis ravisée et je suis retournée chercher Adrien. Je l'ai entraîné par la main. Je voulais l'offrir à Marietta. Le jeter dans ses bras. Hélas ! Marietta avait disparu et Adrien titubait !

Il s'est fondu dans le groupe d'invités rassemblés au pied du perron. Théo était invisible.

Je n'ai pas pu m'approcher de Marietta à cause de la foule, alors j'ai crié son nom. Les discours avaient commencé. La femme du pasteur m'a toisée en fronçant les sourcils, un doigt sur les lèvres. Je suis restée plantée sur place dans mes bas troués, mes chaussures à la main, et j'ai écouté le témoin de Jack dire que Vanessa était une jeune femme formidable. L'oncle John a ensuite pris la parole pour parler du marié, qui avait de la chance d'épouser une fille issue d'une famille aussi distinguée.

Les discours m'ont semblé durer une éternité. Je n'ai pas quitté Marietta des yeux. Avant que les invités se dispersent, elle a mis deux doigts dans sa bouche et poussé un sifflement sonore pour réclamer l'attention. J'ai vu Adèle tressaillir.

Marietta a monté les marches du perron et promené un regard joyeux sur la petite assemblée.

– J'ai une nouvelle à vous annoncer ! J'espère que Jack et Vanessa me pardonneront de gâcher l'ambiance, mais je veux prévenir tout le monde avant de changer d'avis. Après avoir hésité pendant des mois, j'ai enfin pris ma décision. Je pars outre-Atlantique !

Elle a bu une gorgée de champagne, tangué légèrement sur ses jambes et souri à nos amis, que la surprise rendait muets.

Lorsqu'ils ont retrouvé l'usage de la parole, ils l'ont assaillie de questions. J'ai joué des coudes pour me rapprocher d'elle.

«Avec le corps médical militaire, répondait Marietta. Si, bien sûr ! J'ai reçu une formation. Simplement, je ne voulais pas en parler à ma famille avant d'avoir pris ma décision. »

Adèle s'est laissée tomber sur une chaise de jardin. Elle s'est éventé le visage.

– J'en étais sûre. Je le craignais. Tu aurais dû nous prévenir ! a-t-elle lâché, larmoyante. Au moins nous préparer au choc…

– Qu'est-ce que tu aurais dit ? a répliqué Marietta avec effronterie.

Elle est descendue de l'estrade pour aller lui prendre la main.

– Je t'aurais conseillé d'être moins sotte ! a répliqué Adèle en tapotant sa poitrine pour ralentir les battements de son cœur.

– Quand est-ce que tu pars ? s'est renseignée Béatrice. Pas tout de suite, j'espère.

– Bientôt ! a gazouillé Marietta. Je suis presque sûre d'intégrer le cinquième hôpital général à Cliveden – la propriété de lord Astor, rien que ça !

Elle était euphorique.

L'oncle John est arrivé à ses côtés. Il a lancé d'une voix tonitruante :

– Buvons à la santé de notre petite doctoresse !

Tout le monde a obéi, sauf moi. Ma tête bourdonnait. J'ai monté les marches pour me réfugier dans la maison.

À l'intérieur de mon crâne, le bruit s'est changé en rugissement. J'ai foncé aux toilettes et j'ai vomi.

Plus tard, ils ont tous dit que mon malaise était dû à la chaleur, à l'excitation. « Et au champagne », a complété Adèle. Marietta est venue s'asseoir sur mon lit. Les derniers invités étaient partis depuis longtemps.

– Ne te mets pas dans un état pareil.

Je me suis détournée.

– Ne pars pas.

– Mais j'ai envie de partir ! a protesté Marietta. J'ai enfin l'occasion de faire quelque chose d'utile, de remarquable.

– C'est ma faute. C'est à cause de… d'Adrien.

– Adrien peut aller se faire voir. Tu es vraiment gourde si tu t'imagines qu'il compte à ce point pour moi. Tu me connais. J'ai besoin d'action. Je veux vivre intensément.

– Je ne peux pas te laisser partir. C'est ma faute !

– Tu ne peux pas m'en empêcher et tu n'es coupable de rien. Tu n'as pas autant de pouvoir que tu l'imagines.

Ça, je n'en étais pas aussi sûre, et c'était précisément ce qui m'inquiétait. J'ai revu en pensée le regard hypnotisé d'Adrien. J'avais eu le pouvoir de l'ensorceler.

Le souvenir du mikado aussi était troublant. J'avais eu un affreux pressentiment, la sensation qu'une chose terrible allait se produire.

– Je me porte à merveille et il n'y a pas de raison que ça change, a déclaré Marietta. D'ailleurs, tu n'y peux rien.

Elle m'a donné une pichenette pour m'obliger à la regarder.

– Écoute, c'est ma vie ! C'est moi qui en suis responsable. Arrête de t'inquiéter pour des choses que tu ne maîtrises pas.

Résignée, j'ai lâché :

– Il y a deux cent cinquante objets dans cette pièce, avec les livres et les bigoudis. Je les ai comptés.

– Quelle idée ! Pour quoi faire ?

– Pour chasser mes idées noires.

Elle m'a tapoté la tête et m'a conseillé de dormir.

16

Marietta a pris le bateau pour la Grande-Bretagne peu après le mariage de Vanessa. L'hiver chassait l'automne. Je partageais toujours mes journées entre l'étude et la peinture. Je tentais de faire un portrait de Marietta, de mémoire.

Sa première lettre reflétait son état d'esprit : intimidée, respectueuse et excitée à la fois :

« Ça y est, j'y suis ! J'ai encore du mal à le croire. Au fond de moi, je pense que j'ai toujours douté de l'existence réelle de la Grande-Bretagne. Comme si c'était seulement le fruit de l'imagination des romanciers. Pourtant, elle existe vraiment ! Et malgré les dégâts causés par la guerre, l'atmosphère lugubre, les uniformes et les blessures, je m'y plais beaucoup. Les Anglais sont très différents de nous. En fait, tout est différent ici : la façon de parler des gens, bien sûr, mais aussi les maisons (celles que les bombes n'ont pas détruites), les rues, les policiers, les boutiques, les téléphones... Tout est tellement britannique ! C'est charmant ! Je m'endors chaque soir pressée de me réveiller ; j'ai l'impression de vivre une grande aventure. Je suis dans un autre monde. J'aime la vie ! »

Adèle lui avait envoyé un colis plein de sous-vêtements en coton d'excellente qualité, confectionnés au Canada. Assez pour qu'elle en change chaque jour de la semaine. Marietta l'avait remerciée en plaisantant : « Si je péris sous les bombes, vous pourrez vous consoler en vous disant que je portais de beaux sous-vêtements propres, fabriqués au Canada. »

Théo m'a envoyé des photos du mariage de Vanessa. Sur l'une d'elles, légèrement floue, on me voyait regarder avec des yeux languissants un Adrien hébété. J'ai glissé le cliché entre les pages gondolées de l'*Émile*, qui trônait sur une étagère au fond de mon placard, telle une relique.

Début décembre, j'ai recommencé à souffrir de migraines. Elles s'accompagnaient d'étranges sensations auditives, comme une aiguille de phonographe frottant inlassablement sur un disque rayé. Adèle voulait que j'aille voir le docteur Harmon, mais je refusais.

– Il va me croire encore plus zinzin qu'avant.

Une nuit, j'ai réveillé Adèle et les jumelles en hurlant dans mon sommeil.

– Il s'est passé quelque chose, ai-je sangloté quand elles ont fait irruption dans ma chambre.

Ma mère a tenté de m'apaiser :

– Allons, allons... Tout va bien. Ce n'était qu'un cauchemar.

Le surlendemain, Adèle a reçu un câble d'outre-Atlantique lui annonçant que Marietta avait été blessée lors d'un bombardement aérien. Elle a téléphoné à Béatrice et Vanessa ; puis à Lydia et John. Elle commentait longuement chaque terme du message, tentait de deviner la gravité des blessures de Marietta, se demandait s'ils allaient la renvoyer à la maison. À mesure qu'elle parlait, sa voix était plus assurée. Elle paraissait plus solide, prête à encaisser le pire.

Quant à moi, j'étais effondrée. Je ne pouvais ni peindre ni lire, et encore moins apprendre mes leçons. Incapable de parler, je ressassais les mêmes pensées à l'infini : « Le câble a dit blessée, pas morte. Mon cauchemar était une pure coïncidence. La guerre fait toujours des blessés. Personne ne peut prédire où et quand. À moins que... »

J'essayais de compter les objets, sans jamais dépasser vingt.

Puis des lettres sont arrivées. Adèle les a fait circuler à la ronde. La première provenait d'une infirmière, une amie de Marietta. Elle expliquait que celle-ci avait bénéficié d'une courte permission, après cinq semaines de bombardements incessants. « Nous étions presque tous morts de fatigue. Surtout Marietta, qui mettait les bouchées doubles et trouvait toujours une dernière tâche à accomplir avant de se reposer. Elle méritait cette permission, croyez-moi ! Elle l'a prise avec plusieurs collègues, dont son ami le capitaine David Mills. Ils avaient prévu de se rendre dans un endroit reculé, où ils pourraient oublier la guerre un jour ou deux. Ils étaient en chemin pour les Cotswolds, quand l'auberge où ils passaient la nuit a été bombardée. Le capitaine Mills est mort dans l'explosion. Marietta m'a demandé de vous donner ces quelques détails, car elle est trop choquée pour le faire elle-même. »

Peu après, nous avons reçu une lettre de Marietta. Elle nous recommandait de ne pas nous inquiéter pour elle. Elle était convalescente : « Quelques côtes cassées, une brûlure... Vous pouvez dormir sur vos deux oreilles. Je suis dans une maison de repos, dans le coin le plus ensoleillé de l'Angleterre. Tout le monde est aux petits soins pour moi, c'est délicieux ! Je me sens prête à retourner au travail, mais ils prétendent que je dois encore me reposer. »

Son enthousiasme sonnait faux. Marietta terminait sa lettre par un post-scriptum qui m'était destiné : «Tu vois, Juliette, je vais bien ! Ce ne sont pas quelques bombes qui auront raison de moi ! Il faudrait au moins un rouleau compresseur, ou une locomotive ! Ils veulent m'envoyer passer un mois à la maison. Ce n'est pas beau, ça ?»

Marietta est revenue à Kempton Mills juste avant Noël. Elle ne devait repartir du port de Halifax qu'à la mi-janvier. Notre famille serait donc réunie pour les fêtes.

Béatrice, David et leur bébé sont arrivés par un après-midi venteux. Vanessa et Jack nous ont rejoints le 24 décembre. Le grand sapin de Noël, qui croulait sous les décorations, penchait dangereusement.

– Je m'en occupe ! a proposé Jack.

Il a traversé une mer de cadeaux couverts de papier de soie pour aller l'attacher au radiateur, déclenchant au passage une pluie d'aiguilles.

Un parfum de pain d'épices et de fruits secs flottait dans toute la maison. Adèle avait consommé pour l'occasion toutes ses provisions de sucre – une denrée rationnée.

Marietta pansait elle-même ses brûlures aux épaules et à la nuque, en bonne voie de guérison. Ses côtes et sa clavicule fracturées s'étaient bien ressoudées. Elle devait en principe garder le bras droit en écharpe, mais il fallait souvent le lui rappeler. Ses yeux, en revanche, me fendaient l'âme. Ils étaient trop brillants. Comme si elle empêchait ses larmes de couler en affichant un sourire décidé. Elle avait le visage figé d'une poupée de porcelaine.

En fin d'après-midi, nous sommes descendues toutes les deux en ville faire quelques courses de dernière minute. Il neigeait. Nous marchions dans le sillage du chasse-neige, tiré par un cheval, qui déblayait Hill Street avant la nuit. La neige crissait sous nos pieds. La tête renversée, je tirais la langue pour attraper des flocons. Marietta m'a poussée de côté pour m'éviter de marcher dans un monticule de crottin.

– Oups ! C'était moins une !

– Un jour, tu en as ramassé une boule, m'a-t-elle confié.

– Ce n'est pas vrai !

– Et tu me l'as lancée.

– Non ! Je t'ai touchée ?

Son rire me rappelait la bande enregistrée dans le Palais du Rire, à la fête foraine.

Devant les boutiques, des hommes trop vieux pour être à la guerre pelletaient la neige du trottoir, dont ils formaient d'énormes tas. Ils chassaient les enfants qui les escaladaient pour redescendre en glissant.

Les réverbères se sont allumés.

J'ai arrêté Marietta pour lui montrer un automate dans la vitrine du bijoutier : des patineurs vêtus de capes et de bonnets virevoltaient sur la glace, au son de la *Valse des patineurs*. Ils décrivaient inlassablement les mêmes cercles, les mêmes figures, et leur image était réfléchie à l'infini par une boîte tapissée de miroirs. J'ai contemplé l'objet, fascinée, avant de croiser le reflet de Marietta. La mine grave, les yeux vitreux, elle laissait son regard errer dans le vide. Elle contemplait sans doute une scène à des milliers de kilomètres de cette vitrine. Quand nous nous sommes remises en mouvement, elle a repris son sourire forcé et ma gorge s'est nouée.

Les chaussettes minuscules du petit William étaient accrochées au-dessus de la cheminée. Quand tous les autres sont partis se coucher, j'ai enfin trouvé le courage d'interroger Marietta sur David Mills.

– David ? Oh, il était merveilleux ! Tu l'aurais adoré. Il n'était pas très beau… Enfin si, à sa manière. Il était maigre, musclé, avec des pieds tellement touchants… Ils tournaient légèrement vers l'extérieur et lui donnaient une démarche de canard.

J'ai ri :

– Jusque-là, je suis charmée.

– Mais son sourire… Il aurait fait fondre l'iceberg qui a coulé le *Titanic*. Les infirmières, les aides-soignants, les patients, ses collègues… Tout le monde lui mangeait dans la main. Tout ça pour un sourire, une fossette, la douceur d'un regard.

Ce souvenir a éclairé le visage de Marietta.

– En fait, ce n'était pas seulement son sourire. Il y avait sa personnalité, aussi. Tout le monde l'aimait.

Nous sommes restées un moment sans parler. L'horloge du couloir a vrombi comme pour sonner, puis s'est tue. Il n'était que le quart. Marietta a avalé péniblement sa salive. Elle a tourné la tête et battu des paupières, les yeux brouillés de larmes. J'ai cru entendre son cœur, mais ce n'était que le mien. Je me suis agenouillée à ses pieds et je l'ai enlacée. Penchée au-dessus de moi, elle s'est mise à pleurer sans bruit.

Fidèles à la tradition familiale, nous avons distribué les cadeaux au compte-gouttes, pour que chacun puisse les voir et que tous soient remerciés. Le petit William a adoré l'orange qu'il a trouvée dans sa chaussette. Tante Lydia, oncle John et Théo sont venus passer la journée avec nous. Nous avons partagé l'énorme dinde qu'Adèle s'était procurée je ne sais comment.

Adrien nous a rendu visite la veille du jour de l'an, avant de retourner à l'université. Il avait une voiture, à présent, et venait pour l'exhiber autant que pour voir Marietta. Ils ont discuté amicalement, comme au bon vieux temps.

– J'ai été navré d'apprendre ton deuil, lui a-t-il dit.

Elle lui a tapoté les mains et l'a remercié, les yeux baissés.

Je me suis rappelé que j'avais voulu offrir Adrien à ma sœur au mariage de Vanessa. Quelle absurdité ! « Comme si j'avais le pouvoir de faire une chose pareille… »

Adrien a demandé à Marietta quand elle repartait.

– Si je rentre à la maison ce week-end-là, je passerai te dire au revoir, a-t-il promis.

Marietta lui a souri et je me suis détournée pour cacher ma jalousie. Même cela, je ne pouvais pas le contrôler.

La permission de Marietta touchait à sa fin. Vanessa, Béa et le petit William sont revenus quelques jours avant son départ. Marietta devait prendre un train de voyageurs pour Ottawa le dimanche en fin d'après-midi, et le lundi, rejoindre Halifax dans un train de garnison avant d'embarquer pour l'Europe.

Un soir, au dîner, elle nous a confié :

– La sœur de David habite près d'ici, à Arnprior. Je lui téléphonerais si j'en avais le courage.

– Le courage ? Pourquoi ? a voulu savoir Vanessa.

– Je ne suis pas sûre que David lui ait parlé de nous.

À présent, elle pouvait l'évoquer sans s'interrompre pour ravaler ses larmes.

– À une autre époque, dans un autre endroit, on aurait prévu de se marier, a-t-elle dit.

Ce fut au tour d'Adèle d'avoir les larmes aux yeux. Elle a hoché tristement la tête. Pour une fois, Marietta lui faisait honneur.

Après le dîner, mes sœurs et moi nous sommes chargées de la vaisselle, pendant qu'Adèle s'occupait du bébé. Elle nous avait recommandé de changer l'eau quand elle serait trop grasse, puis d'essuyer soigneusement les assiettes et les couverts avant de les ranger. Cette consigne s'adressait à Marietta, qui séchait deux assiettes à la fois en les battant comme des cartes.

– Marietta, tu devrais téléphoner à la sœur de David, a dit Béa.

– Tu crois ? Et si elle me répond : « Marietta qui ? »

– Ça ne risque pas. Cesse de le remettre à plus tard. Vas-y !

On s'attaquait aux casseroles et aux saladiers lorsque Marietta est revenue dans la cuisine, rayonnante :

– Elle est exactement comme lui ! Les mêmes expressions, le même sens de l'humour. On a pleuré ensemble, puis on a ri, et pleuré encore comme des idiotes. Elle savait tout de moi ! David leur avait écrit il y a des siècles, à son mari et à elle. Il y a des siècles !

Rêveuse, elle a ajouté :

– Je vais lui rendre visite demain et passer la nuit là-bas.

Puis, à l'intention d'Adèle :

– Je prendrai le train à Arnprior pour rejoindre Ottawa.

Adèle allait protester, mais elle s'est ravisée. Elle a regardé cette jeune femme décidée, qui avait été sa petite fille autrefois. Elle a hoché la tête et ses épaules se sont affaissées. Pauvre Adèle ! Elle perdait progressivement le peu d'autorité qu'elle avait encore sur nous. Elle a reporté son attention sur son petit-fils, qui jouait à sortir des boîtes de conserve d'un placard.

Alors que je regardais Marietta prendre une poignée de couverts dans l'égouttoir pour les sécher, j'ai soudain été clouée d'horreur. Un martèlement sourd a envahi ma tête, menaçant de la faire exploser. Un flot de sang a jailli de mon nez, éclaboussé mon torchon, ma robe, la table, les plats en argent. Marietta m'a fixée, interdite. Béatrice s'est baissée pour ramasser son bébé.

– Oh, mon Dieu, Juliette ! a crié Vanessa.

Les jumelles ont caché leur visage dans leurs mains.

– Penche-toi au-dessus de l'évier ! m'a ordonné Adèle.

– Et l'eau de vaisselle ! a glapi Vanessa.

J'ai pressé le torchon contre mon nez, basculé la tête en arrière, et je me suis concentrée. Le saignement a cessé. Tout le monde s'est calmé.

– Tu ferais bien d'aller te coucher, m'a dit Adèle. Tu as eu trop d'émotions.

Je suis montée dans ma chambre et j'ai sombré aussitôt dans un sommeil agité. Je rêvais que je me débattais dans une atmosphère poisseuse comme de la mélasse, pour prévenir une mystérieuse catastrophe.

Le lendemain, après le petit déjeuner, nous avons toutes convergé vers la chambre de Marietta. Appuyées au chambranle de la porte, contre l'appui de fenêtre ou assises sur son lit, on l'a regardée faire sa valise.

– Je ne comprends pas pourquoi tu vas rendre visite à ces gens, a observé Jeanne. Tu ne les connais même pas.

– Jeanne ! a rugi Camille. Ce que tu peux être bornée, parfois !

– Ça, c'est la meilleure ! s'est vexée l'intéressée avant de quitter la pièce.

– Je n'aime pas te voir tout fourrer en vrac dans cette valise, a gémi Adèle. Tu pourrais plier tes vêtements !

J'ai aperçu mon reflet dans le miroir : mes yeux tristes, mes lèvres pincées. Je me suis décalée pour échapper à cette vision. J'avais envie de dire à Marietta : « Ne pars pas ! », mais je ne trouvais pas d'argument valable.

– Ça va être bizarre d'habiter chez des étrangers..., a lancé Vanessa.

Adèle a froncé les sourcils.

– Ce ne sont pas des étrangers, a répliqué Marietta en fermant son sac.

Elle s'est tournée vers moi :

– Qu'est-ce qu'il y a ? Tu en fais une tête.

– Rien. J'ai juste… Ne pars pas !

– Il faudra bien que je parte tôt ou tard. Vingt-quatre heures de plus ou de moins, quelle différence ?

J'ai fixé le bout de mes chaussures. Sa voix m'était parvenue assourdie, à cause du bourdonnement dans mes oreilles.

– Écoute, a repris Marietta. Quand le train traversera Kempton Mills demain soir, viens me faire signe sur le quai. S'il s'arrête assez longtemps, je descendrai t'embrasser.

Nous l'avons toutes accompagnée à la gare (sauf Béa, car son bébé faisait la sieste). Sur le quai, nous avons sacrifié au rituel des adieux chez les Kemp : des embrassades à n'en plus finir, des recommandations de dernière minute : « écris-nous, ne t'épuise pas au travail… », des promesses et encore des embrassades.

Adèle a donné une boîte de biscuits à Marietta pour son hôtesse. Ma sœur est montée dans le train pour Arnprior quelques secondes avant qu'il s'ébranle.

Le dimanche a été une morne journée. Un brouillard humide flottait dans l'air, annonçant de la pluie. Je marchais de long en large dans la maison, fébrile, incapable de lire, de peindre, et même de rester assise par terre pour jouer au culbuto avec le bébé. Après le déjeuner, je me suis habillée chaudement et je suis allée faire un tour dans le bois. La neige avait commencé à fondre, laissant apparaître des taches noires sous les arbres. J'ai contourné l'étang, couvert d'une fine couche de glace, et mes pas m'ont conduite machinalement au pied de l'arbre où j'avais caché la barrette de Rachel Wirt. J'ai glissé une main dans le trou et refermé les doigts sur l'objet. Aussitôt, un martèlement sourd a envahi ma tête. J'ai rangé la barrette dans ma poche et je me suis dépêchée de rentrer à la maison, marchant au rythme du tambour qui résonnait dans mon crâne.

Ignorant qu'elle était déjà partie, Adrien est passé dans l'après-midi pour faire ses adieux à Marietta.

– Je me suis rendu compte du mauvais temps seulement après avoir quitté Oxford Landing, a-t-il affirmé. Il tombe de la neige fondue. Tout est verglacé.

– Tu ne devrais pas reprendre le volant par ce temps, a observé Adèle.

Penaud, Adrien a accepté d'attendre une accalmie à la maison.

– Tu restes dîner, lui a dit Adèle.

C'était davantage un ordre qu'une question.

– Le train de Marietta s'arrête à la gare à sept heures et demie, a-t-elle ajouté. Si le temps le permet, les filles descendront lui faire coucou. Je garderai le bébé.

– Ah ! a dit Adrien. Entendu. Merci.

Comprenant qu'il était captif, il m'a lancé un regard oblique et haussé les épaules.

Mon humeur s'est considérablement améliorée. Vanessa a sorti un jeu de cartes et nous avons joué au rami jusqu'à l'heure du dîner. Je dévorais Adrien des yeux et rougissais chaque fois qu'il me regardait. À table, il s'est assis à côté de moi. Je n'ai presque rien mangé. J'étais fascinée par ses mains, les poils sur ses poignets, la chaleur qui émanait de son corps, tout proche du mien. Je n'ai pas vu le temps passer. C'est à peine si j'ai entendu Vanessa téléphoner à la gare, puis nous annoncer que le train avait du retard.

J'ai échappé à la corvée de vaisselle en proposant à Adrien de l'aider à équiper sa voiture de chaînes, pour éviter de glisser sur le verglas. À vrai dire, je suis restée debout près de lui en grelottant pendant qu'il faisait tout le travail. J'admirais son dos, ses jambes, sa tête, et même son pied déformé dans sa chaussure à semelle compensée. Il venait de terminer quand mes sœurs sont sorties en courant, enfilant leurs manteaux. Adèle, le bébé dans les bras, a fermé la porte derrière elles.

– Le train est entré en gare ! a crié Vanessa. Il faut qu'on se dépêche si on veut voir Marietta !

Elle a glissé sur la dernière marche et s'est retenue de justesse. Les autres ont patiné jusqu'à la voiture, où elles se sont engouffrées.

Je suis restée plantée dans l'allée, comme pétrifiée, en proie à un nouveau malaise. Toujours les mêmes sensations : le bourdonnement dans mes oreilles, le martèlement, les lumières, le chaos.

« Juliette, monte dans la voiture ! » a crié une voix. Puis quelqu'un – Béa, je crois – m'a tirée dans l'habitacle.

– Il va se passer quelque chose ! ai-je hurlé, en larmes.

Des mains ont pressé les miennes. J'ai entendu des voix apaisantes :

– Mais non. Il ne va rien se passer.

La pression à l'intérieur de ma tête est devenue insupportable et j'ai eu peur de me remettre à saigner du nez. La voiture d'Adrien progressait lentement dans le brouillard. Je n'avais pas conscience de faire du bruit. Pourtant, mes sœurs, excédées, m'ont demandé d'arrêter de geindre. J'ai cru que je m'étais tue, mais peu après Vanessa a hurlé : « Nom d'une pipe, Juliette, tu vas la boucler ? »

Les lumières de la gare ont enfin surgi du brouillard. Le train de passagers n° 550 à destination de l'Est – celui de Marietta – était à quai. Le mécanicien avait alimenté la chaudière afin de produire assez de vapeur pour pousser la « vieille goinfre irascible » (ainsi qu'il décrirait plus tard le moteur) jusqu'à Ottawa. Le train était parti à l'heure de Petawawa, dans la haute vallée d'Ottawa, mais il avait dû ralentir à cause du mauvais temps. À partir de Pembroke, il avait roulé au pas jusqu'à Cobden, puis Renfrew, s'était traîné jusqu'à Arnprior et Kempton Mills, accumulant du retard à chaque gare.

Les wagons étaient bondés. Des passagers étaient debout dans les couloirs. Sur le quai, une petite foule attendait le départ pour faire des signes d'adieu aux voyageurs.

J'ai ouvert la portière avant même qu'Adrien s'arrête dans le parking. Mes sœurs ont poussé des cris perçants et Béa m'a tirée en arrière. Je sanglotais toujours :

– Il faut la faire descendre du train !

Je me suis libérée et j'ai jailli de la voiture en hurlant :

– MARIETTA !

Les gens se retournaient sur mon passage. Une jeune femme qui courait pour attraper le train a trébuché devant moi. Elle est tombée. Je l'ai apostrophée :

– Non ! Ne montez pas !

Elle a tenté de se relever. Je l'ai repoussée en arrière.

– Mais je dois absolument… Mon père…

Un homme nous a dépassées en trombe sans nous voir. Il a grimpé dans un wagon au moment où le conducteur criait : « En voituuure ! »

J'ai abandonné la jeune femme pour courir vers le train.

– Attendez ! ai-je braillé au conducteur. Faites-les descendre !

J'ai glissé sur une plaque de verglas et je suis tombée à mon tour. Quelqu'un a voulu m'aider à me remettre sur pieds. J'ai rampé hors de sa portée et je me suis relevée tant bien que mal.

Trop tard ! Le conducteur avait accueilli le dernier retardataire avant de monter lui-même à bord du train. Je l'ai vu par la fenêtre lever la main pour tirer la corde du signal, commandant au mécanicien de démarrer.

J'ai entendu le sifflet à vapeur du convoi militaire arrivant de l'Ouest quelques secondes avant de voir ses phares déchirer le brouillard, éclairant les deux derniers wagons en bois du train de passagers. Les têtes se sont tournées, les bouches se sont ouvertes, incrédules.

– Il va beaucoup trop vite ! a crié quelqu'un.

Les spectateurs, balayés par une vague de panique, ont reflué vers le parking. Quelqu'un m'a saisie par la taille et m'a entraînée avec la foule.

– Personne n'a dû le signaler !

– Mon Dieu !

Un craquement sinistre a déchiré l'air. Les débris de bois sont retombés en pluie sur le quai. Des corps, projetés en l'air, s'affalaient çà et là. L'énorme locomotive qui tractait un convoi de troupes en provenance de Red Deer, dans l'Alberta, a brisé en deux les wagons de queue du train du soir, telle la proue d'un bateau fendant les vagues, avant de s'immobiliser en crissant.

J'ai cru que mon cerveau s'était arrêté, et mon cœur aussi.

17

– Pourquoi ? demandait inlassablement Adèle en secouant la tête.

Elle fixait le ciel, le visage ruisselant de larmes.

Personne ne lui répondait. Personne n'en était capable.

Je suis restée longtemps obsédée par le souvenir atroce de la collision et des funérailles austères, lugubres. Lorsque je suis enfin sortie de mon hébétude, Adrien était assis près de moi devant la cheminée. Il tentait d'attirer mon attention, me forçait à l'écouter, au moins à le regarder. Je m'obstinais à fixer le feu qui brûlait dans l'âtre.

– Que tu aies ou non un don de prémonition, disait-il, tu n'es pas responsable.

– Je sais, ai-je répondu.

Mais au fond de moi, je protestais : « Si, bien sûr. »

Si je ne m'étais pas languie d'amour pour Adrien, j'aurais davantage prêté attention aux signaux. J'aurais pu dire à Marietta...

– Rien de ce que tu aurais pu dire à Marietta ne l'aurait empêchée d'être dans ce train.

– Je sais.

– Tu ne peux pas contrôler le destin. Tu auras beau dire aux gens qu'ils courent à leur perte, ils ne t'écouteront pas. Marietta est morte parce qu'elle était au mauvais endroit au mauvais moment. C'est elle qui a choisi sa voie, pas toi. Si tu es coupable d'une chose, c'est de croire que tu tiens le destin entre tes mains.

J'ai acquiescé en pensant : « J'aurais pu m'accrocher à elle et refuser de la laisser partir. »

– Tu as sauvé la vie de quelqu'un, tu sais ? Tu t'es agrippée à une jeune fille et tu l'as empêchée de monter dans le train.

– C'est vrai ?

J'ai froncé les sourcils. Je n'en avais aucun souvenir.

Adrien s'est levé et m'a regardée tristement.

– Je dois partir. Mais j'aimerais revenir, si tu le veux bien.

J'aurais dû sauter de joie à l'idée de le revoir. Mais mon cœur n'a même pas tressailli. J'ai simplement hoché la tête.

Le *Kempton Mills Banner* a décrit l'accident comme l'un des pires jamais survenus au Canada. Cent cinquante-huit personnes ont été blessées et trente-six ont perdu la vie, dont Marietta et Joseph Wirt, le père de Rachel.

J'étais seule à la maison, une semaine environ après l'accident, quand on a frappé à la porte. J'ai dû me faire violence pour aller ouvrir. Rachel Wirt était debout sur le seuil. On aurait dit une adulte. L'air ébahi, j'ai lâché :

– Il n'y a personne. Enfin, je veux dire, personne d'autre.

– Je suis venue pour te voir.

J'ai mis un moment à comprendre.

– Ah. Et, euh... tu veux entrer ?

J'espérais qu'elle allait refuser.

– Pourquoi pas. Juste une minute.

J'ai voulu la conduire au salon, mais elle s'est arrêtée dans la cuisine :

– Ici, ça me va.

J'ai haussé les épaules :

– Tu veux retirer ton manteau.

Elle a secoué la tête.

– Je ne reste pas longtemps. Ma sœur passe me prendre dans un quart d'heure.

Elle a consulté sa montre. Je l'ai imitée machinalement. Nous nous sommes assises à la table.

– Je suis venue te dire que je suis désolée pour ta sœur, a-t-elle commencé.

Des larmes ont perlé à mes paupières. Mlle Coombs avait raison : le chagrin est un état solitaire. Personne ne peut le partager.

J'ai baissé la tête, cligné des yeux et marmonné un « merci ».

– Non, a-t-elle protesté. C'est moi qui te remercie.

J'ai dû paraître surprise, car elle a continué :

– Merci de m'avoir empêchée de monter dans le train.

Et soudain, j'ai compris. La fille qui était tombée devant moi sur le quai, à qui j'avais hurlé de ne pas monter dans le train... l'homme qui nous avait dépassées en courant.

– Depuis tout ce temps, je vivais en secret chez ma sœur, a ajouté Rachel. Dans une ferme près de Carleton, assez loin d'ici.

J'ai hoché la tête par réflexe. Elle a enchaîné :

– J'étais revenue ici pour récupérer quelque chose... J'avais laissé de l'argent caché dans ma chambre, et ça m'inquiétait. J'avais peur que le vieux mette la main dessus. Puis on a entendu dire qu'il voulait vendre la maison. Alors, j'ai décidé de courir le risque. Je n'en ai pas parlé à ma sœur, elle ne m'aurait pas laissée partir. Je suis venue jusqu'ici en auto-stop, cet après-midi-là.

J'avais imaginé un plan : j'attendrais que le vieux sorte de la maison pour entrer avec ma clé et prendre mon argent. J'avais prévu de repartir le soir même, par le train. Mais il m'a surprise. Il savait que j'avais caché de l'argent avant de disparaître. Il l'avait cherché partout. Il m'a enfermée dans ma chambre et m'a menacée de me tuer si je ne lui montrais pas ma cachette.

La stupeur me laissait sans voix. Pour la première fois depuis la mort de Marietta, j'étais distraite de mon chagrin.

– Mais… comment tu as fait pour t'enfuir ?

– J'ai attendu et j'ai tenu ma langue. Il n'a pas arrêté de boire de tout l'après-midi. Pendant ce temps, j'ai récupéré mon argent. Il était caché derrière mon lit, dans un trou dans le mur de ma chambre. Je l'ai mis dans mes sous-vêtements. Quand mon père a été soûl comme une barrique, je lui ai dit que l'argent était à la gare. Je savais qu'il me croirait : il avait trouvé mon wagon abandonné après mon départ, et il avait tué mon chat pour se venger.

Ses yeux se sont emplis de larmes à cette pensée. Elle a dû s'interrompre.

– Tu veux boire une limonade ? lui ai-je demandé.

Rachel a secoué la tête et repris :

– Il m'a fait monter de force dans la voiture pour m'emmener à la gare. Je sais conduire depuis quelques années. Pendant que je conduisais, il m'appuyait un couteau sur la gorge. En arrivant dans le parking, j'ai vu que le train était à quai et j'ai paniqué. J'avais peur de ne plus pouvoir partir. Je ne sais pas ce qui m'a pris, j'ai tourné brusquement la tête et je lui ai mordu la main. Puis j'ai couru comme une dératée, avec le vieux à mes trousses. C'est là que je suis tombée et que tu m'as retenue. Lui, il était tellement soûl qu'il n'a rien remarqué. Et maintenant il est mort. Il n'a que ce qu'il mérite.

Le visage de Rachel était couvert de transpiration. Je lui ai versé un verre de limonade, qu'elle a bu.

– Maintenant qu'il n'est plus là, vous allez revenir vivre à Kempton Mills, ta sœur et toi ?

– Non. Ici tout le monde nous traitait comme des moins-que-rien, à cause du vieux. Il a fait le malheur de notre famille. Ma sœur Betty a décampé à la première occasion. Randy Norton avait le béguin pour elle, alors elle s'est enfuie avec lui. Il l'a épousée. Randy est un chic type et un bon fermier. Betty m'avait promis de revenir me chercher dès qu'elle le pourrait, et elle a tenu parole. Quand la police l'a interrogée à mon sujet, elle a menti. Ça ne dérangeait pas Randy que j'habite chez eux.

– Tu sais qu'ils ont ratissé les environs pour te retrouver ?

– Je m'en suis doutée. Et après ? De toute ma vie, c'était la première fois que quelqu'un s'intéressait à moi. Aujourd'hui, je n'ai plus besoin de me cacher. J'ai changé de nom : je m'appelle Rachel Norton.

Une voiture a klaxonné dehors. Rachel a regardé par la fenêtre et s'est levée pour partir.

– Voilà, je suis venue pour te remercier et c'est fait. Mais je voulais aussi te demander pardon. Pardon d'avoir été si méchante avec toi, à l'école.

Ne sachant que répondre, j'ai lâché :

– Ah.

Puis :

– Je me suis toujours demandé ce que j'avais fait pour mériter ça.

– Rien. Ce n'était pas toi, c'était ta mère.

J'ai haussé les sourcils.

– Elle nous apportait régulièrement des cartons de vêtements trop petits pour tes sœurs, des jouets et de la nourriture. Toujours des choses en bon état, utiles. On se jetait sur les provisions comme si on était affamés – je crois qu'on l'était, la plupart du temps – et on se disputait les jouets. Ce que je détestais, par contre, c'était les vêtements. J'étais obligée de porter ceux de tes sœurs pour aller à l'école, et j'étais sûre que tu te moquais de moi, que tu me traitais de mendiante derrière mon dos. Je plantais ma règle entre tes omoplates parce que je n'avais pas trouvé d'autre moyen de me venger de toi.

– Je ne l'ai jamais su !

– Tu ne reconnaissais pas les vêtements ?

– Non. Je ne fais jamais attention aux habits des gens.

– Je regrette, a dit Rachel. Parce que, tout bien réfléchi, ta mère était une des personnes les plus gentilles et les plus généreuses de cette ville.

– Ah bon ? On ne le savait pas.

– Elle est comme ça. Un jour, Betty lui a écrit un mot pour la remercier. Ta mère lui a répondu qu'elle ne voulait pas de remerciements. Pour elle, c'était naturel de se rendre utile. Je n'ai jamais oublié sa réponse : « Si on ne trouve pas un moyen de se rendre utile, autant aller se coucher face à un mur et attendre la mort. »

– C'est étrange. Tu la connais mieux que moi.

– Certainement pas. Par contre, j'avais l'impression de te connaître : une petite fille modèle avec de jolis vêtements achetés au magasin, de grands yeux noirs et des cheveux jaunes comme la paille. Bonne en classe. Tout le contraire de moi.

Rachel a ouvert la porte. Puis elle est revenue sur ses pas et m'a tendu la main :

– Soyons amies.

Après son départ, je suis restée immobile un long moment. Je m'efforçais de me rappeler ce qu'elle avait dit sur ma mère.

Les jours passaient. Vanessa était depuis longtemps partie retrouver Jack ; Béa et le bébé avaient rejoint

David. Les jumelles retournaient enfin au lycée et Adèle avait repris sa vie trépidante.

Un jour où je broyais du noir, je farfouillais dans ma chambre avec le vague projet de la ranger, quand je suis tombée sur le portrait que Lucie avait fait de moi. Je l'ai fixé longuement en pensant à elle, à son talent. J'ai songé que j'y retournerais peut-être un jour. Après tout, c'est ma sœur. Et on est toutes les deux douées pour le dessin.

J'ai commencé à m'apercevoir que le soleil brillait. La neige scintillait. La nourriture avait davantage de goût. Pour la première fois depuis des mois, je suis descendue en ville à pied. Les gens me saluaient, me demandaient de mes nouvelles. Je suis passée devant le gros arbre dont les racines avaient transpercé le trottoir. Derrière la vitrine du barbier, j'ai vu Vincent couper les cheveux d'un petit garçon. De l'autre côté de la rue, une femme toute pomponnée sortait du salon de beauté de Mlle Edwards.

Quand je suis passée devant le lycée, la cloche sonnait la fin des cours. Des garçons et des filles à l'air adulte sortaient seuls, par deux ou en petits groupes. Je me suis rangée sur le côté pour les observer. Un garçon m'a fait un clin d'œil en passant et j'ai rougi. Puis Camille et Jeanne sont sorties à leur tour et nous avons repris ensemble le chemin de la maison. Tout en marchant, je réfléchissais : « Je pourrais aller au lycée... ».

– Je vais peut-être retourner à l'école, ai-je annoncé aux jumelles.

– On va te taquiner parce que tu t'es travestie en garçon, m'a prévenue Camille.

– Après tout ce qui s'est passé, je crois que je pourrai supporter quelques plaisanteries.

– Tu vas dire à tes camarades que tu as un sixième sens ?

– Jeanne ! s'est exclamée Camille. Tu n'es pas obligée de reparler de ça.

– Pourquoi pas ? l'ai-je défendue. C'est une réalité. C'est ma vie. Je vais devoir vivre avec, que je le veuille ou non. Ça pourrait même être utile, un jour. Mais non, je n'en parlerai à personne. Sauf si j'ai une amie. Je le dirai à ma meilleure amie, si j'en ai une.

Nous avons continué à marcher en silence. Jeanne m'a passé un bras autour des épaules et m'a serrée contre elle :

– Moi aussi, je suis un peu voyante ! Et je vois que tu vas avoir des amis. Beaucoup d'amis.

Je lui ai décoché un grand sourire. Elle avait peut-être raison. Je venais de décider que je me supportais telle que j'étais. Qui sait : d'autres miracles pouvaient se produire…

Remerciements

Comme toujours, je remercie Kathy Lowinger pour sa patience, ses suggestions et commentaires judicieux, ainsi que Sue Tate pour son travail d'édition habile et patient. Je voudrais également exprimer ma gratitude à mes amies écrivaines pour les conseils, les encouragements et le réconfort qu'elles m'ont prodigués, mais aussi pour leur gaieté. Et, bien sûr, un grand merci à toute ma famille, proche et moins proche, pour son soutien sans faille.

Il y des années, alors que je commençais à m'intéresser à Mother Barnes, « la sorcière de Plum Hollow », son arrière-petite-fille Lera Joynt, de Smiths Falls dans l'Ontario, m'a aidée à recueillir des informations précieuses, que j'ai modifiées partiellement pour les adapter à mon histoire. Je lui en suis infiniment reconnaissante.

Cet ouvrage a été mis en pages
par DV Arts Graphiques à la Rochelle

Impression réalisée par

CPI
BRODARD & TAUPIN

La Flèche
en janvier 2011
pour le compte des Éditions Bayard

Imprimé en France
N° d'impression : 61782